O OFICIAL DE JUSTIÇA
Princípios e Prática

Pc67o   Pires, Leonel Baldasso
        O oficial de justiça : princípios e prática /
        Leonel Baldasso Pires: — 4. ed. rev. ampl. —
        Porto Alegre : Livraria do Advogado, 2001.
        152 p., 14 x 21 cm.

        ISBN 85-7348-187-0

        Contém bibliografia

        1. Oficial de justiça. 2. Direito processual
        civil : Prática forense. I. Título

                 CDU 347.964.3
                          347.9(083)

           Índices alfabéticos

Oficial de justica   347.964.3
Direito processual civil: Prática forense   347.9(083)

(Bibliotecária responsável: Marta Roberto, CRB-10/652)

LEONEL BALDASSO PIRES

O Oficial de Justiça

PRINCÍPIOS E PRÁTICA

QUARTA EDIÇÃO
REVISTA E AMPLIADA

Porto Alegre
2001

© Leonel Baldasso Pires, 2001

Revisão de
Rosane Marques Borba

Capa, projeto gráfico e editoração de
Livraria do Advogado Editora

Direitos desta edição reservados por
Livraria do Advogado Ltda.
Rua Riachuelo 1338
90010-273 Porto Alegre RS
Fone/fax 0800-51-7522
info@doadvogado.com.br
www.doadvogado.com.br

Impresso no Brasil / Printed in Brazil

A meus pais, Pedro e Maria;
a minha esposa, Flávia;
a todos que tornaram possível
este trabalho.

Prefácio

O Oficial de Justiça exerce função de incontestável relevância no universo judiciário. É através dele que se concretiza grande parte dos comandos judiciais - atuando o meirinho como verdadeira *longa manus* do magistrado.

Todavia, a doutrina pátria raras vezes tem se detido com exclusividade no exame de suas atribuições. Daí a importância da presente obra, abordando desde os aspectos históricos até o desenvolvimento prático dos atos judiciais realizados pelo oficial de justiça - tanto na esfera cível como na criminal - e apresentando, inclusive, capítulo específico sobre os concursos públicos voltados ao preenchimento de tal cargo.

Este livro, o qual temos a honra de prefaciar, além de fonte segura de estudo para os aspirantes à carreira de oficial de justiça, sem dúvida contribuirá em muito para a solução de questões que por vezes afligem não só aqueles que ocupam igual cargo, mas também os magistrados, advogados e todos os demais militantes no mundo jurídico em geral.

O autor, bacharel em Direito e Oficial de Justiça de carreira, obteve êxito ao aliar trabalho de pesquisa e sua própria experiência profissional na confecção desta obra, o que a recomenda ainda mais.

Ítalo Pagano Cauduro Júnior
Magistrado e Professor Universitário

Sumário

Introdução 13

Primeira parte
Princípios 15

1. Atribuições do Oficial de Justiça 17
2. Aspectos históricos 22
3. Atos processuais judiciais 25
4. Atos cartoriais 32
5. Cumprimento de mandados 33
6. Ações possessórias 36
   6.1. Mandado de reintegração e manutenção de posse 37
7. Mandado de embargo de obra 39
8. Ações cautelares 41
   8.1. Mandado de busca e apreensão 42
   8.2. Mandado de arresto 43
   8.3. Mandado de seqüestro 44
   8.4. Mandado de arrolamento de bens 46
   8.5. Mandado de separação de corpos 47
9. Realização de despejo 50
10. Penhora de bens 52
   10.1. Resistência à penhora 54
   10.2. Mandado de recolhimento e depósito de bens 55
   10.3. Mandado de reforço de penhora 57
   10.4. O mandado executivo e a elaboração do cálculo 58
   10.5. Mandado com mais de um executado 60
   10.6. Penhora de acordo com a Lei 8.009/90 61
11. Efetivação do arresto em processo de execução 65
12. Citação cível 68
   12.1. Citação com hora certa 71
   12.2. Citação em repartição pública 74
   12.3. Citação de pessoa jurídica 75
13. Intimação cível 79
   13.1. Intimação do devedor da praça ou do leilão 82
   13.2. Intimação da penhora 84
14. Prisão civil 88
15. Citação crime 91

15.1. Ocultação do réu para evitar a citação 92
15.2. Citação do militar e do funcionário público 92
16. Intimação crime 94
17. Notificação de testemunha 96
18. Condução de testemunha 98
19. Prisão penal 100
20. Porte de arma do Oficial de Justiça 102
21. O Oficial de Justiça no Tribunal do Júri 103
22. Crimes praticados contra a Administração Pública 106
22.1. Peculato 106
22.2. Concussão 111
22.3. Corrupção passiva 111
22.4. Corrupção ativa 113
22.5. Resistência 114
23. Juizados Especiais Cíveis e Criminais 115
24. Precauções do Oficial de Justiça 119
24.1. Segurança pessoal do Oficial de Justiça 120
25. Gírias empregadas por criminosos 123
26. Tatuagens usadas por delinqüentes 125

Conclusão 128

Segunda parte
Prática 129

1. Resistência 131
2. Diligência negativa 132
3. Auto de despejo 133
4. Auto de afastamento 133
5. Auto de embargo de obra 134
6. Certidão de citação de proprietário 135
7. Auto de penhora e depósito 135
8. Certidão de estimativa (avaliação) de bens penhorados 136
9. Certidão de intimação 136
10. Auto de imissão de posse 136
11. Auto de busca e apreensão de menor 136
12. Auto de busca e apreensão de coisas 137
13. Auto de reintegração de posse 137
14. Auto de recolhimento de bens 138
15. Auto de arresto 138
16. Certidão de prisão penal 139
17. Certidão de prisão civil 139
18. Certidão de citação cível 139
19. Certidão de intimação cível 139
20. Certidão de citação penal 140

21. Certidão de intimação penal   140
22. Certidão de condução de testemunha   140
23. Certidão de citação com hora certa   141
24. Auto de arrolamento de bens   141
25. Aviso usado pelo Oficial de Justiça   142
26. Auto de penhora no rosto dos autos   142
27. Auto de penhora no rosto dos autos em processo falimentar
(Execução Fiscal)   143

Terceira parte
Questões de concurso   145

Bibliografia   153

Introdução

A atividade judiciária compreende inúmeros atos, uns de maior e outros de menor complexidade. Todos são importantes, pois fazem com que o processo judicial siga seu caminho, chegando a seu propósito final, que é a aplicação da justiça.

A lei instrumentaliza e dita normas de como se realizam os atos processuais, cabendo ao Poder Judiciário interpretá-las e fazer com que efetivamente a justiça seja feita. A máquina judiciária é um corpo que trabalha em prol da sociedade através de juízes e serventuários. Dentre esses, a figura do Oficial de Justiça certamente merece destaque, pois é o *longa manus*, ou seja, aquele que realiza o ato como se fosse a mão do juiz, que é, conseqüentemente, a mão da lei, enfim, a mão da justiça. Contudo, para que os objetivos sejam alcançados, os atos processuais carecem de eficácia e, para tal, devem observar a lei.

O presente trabalho é dividido em três partes. Na primeira - *Princípios* - apresentamos um breve escorço histórico sobre as atividades do meirinho e demonstramos como se realizam as atividades judiciárias que lhe dizem respeito.

Dentre elas, especial atenção mereceram as decorrentes de atos emanados dos magistrados, cuja maneira de realização não é prevista na lei de modo específico.

Em princípio, todos os atos cartoriais são mera execução de decisões judiciais e em torno de seu cumprimento se organizam todas suas atividades.

Não obstante, além de analisar a natureza jurídica de alguns atos, julgamos oportuno mostrar como são cumpridos os mandados exarados em autos de ações possessórias, cautelares e executivas. No que concerne ao processo penal, é apresentada a maneira de cumprir mandados de citação, intimação, prisão, além de expor de que forma se processa a participação do Oficial de Justiça no Tribunal do Júri.

Na segunda parte - *Prática* - estampamos modelos de certidões e de autos, sempre acompanhados de instruções elucidativas. Esses modelos são referidos, entre parênteses, na Primeira Parte, junto aos textos que lhes dizem respeito.

A terceira parte - *Questões de Concurso* - apresenta várias questões do tipo das que vêm sendo formuladas em concursos públicos para provimento do cargo de Oficial de Justiça, bem como a chave das respostas.

PRIMEIRA PARTE

Princípios

1. Atribuições do Oficial de Justiça

A grande maioria dos atos processuais necessita da participação de Oficiais de Justiça para seu cumprimento. Na verdade, é mister, em muitos casos, a participação desse serventuário sob pena de invalidade dos atos, que vão desde uma simples citação até prisões, despejos, reintegrações de posse, etc. A máquina judiciária não pode desempenhar seu importante papel sem a figura do Oficial de Justiça, que funciona, como já referimos, a *longa manus*, ou seja, a mão do juiz que realiza o ato processual, fazendo se materializar a pretensão jurisdicional das partes. Não houvesse a participação do Oficial de Justiça, certamente haveria desestruturação da máquina judiciária, pois os magistrados teriam que efetivar diretamente os atos processuais, o que seria completamente ilógico e prejudicial a todo sistema. É evidente que o Oficial de Justiça é apenas uma das peças, embora importante, no desempenho da missão da Justiça, que também conta com a participação de escrivães, oficiais escreventes, enfim, todo um complexo de cargos e atribuições relevantes que levam o Judiciário a cumprir seu importante papel na sociedade.

Um dos requisitos importantes para que o Oficial de Justiça cumpra seu trabalho e efetivamente sirva ao Judiciário de forma serena e correta é a realização do ato com bom-senso e dedicação e com fiel observância da lei. Existirão situações em que somente esforço e máxima cautela poderão resolver o problema de forma eficiente, vencendo as barreiras que se lhe antepõem de sorte que a pretensão jurisdicional seja cumprida. Em muitos casos, o Oficial de Justiça deve estar preparado para enfrentar obstáculos extremamente difíceis de contornar, seja a tentativa de impedir a realização do ato feita pela intervenção de terceiros. Entretanto, como foi frisado, o mandado deve ser cumprido de forma eficaz e legal, com a desobstrução dessas barreiras, que podem resultar até mesmo na prisão daquele que resistir, desobedecendo à ordem judicial (modelo 1). Nesse caso, tudo deve ser realizado dentro da lei e adotadas todas as cautelas, sob pena de prejudicar a realização do ato e trazer responsabilidade funcional e até mesmo criminal ao meirinho.

Segundo o artigo 143 do Código de Processo Civil (CPC), cabe ao Oficial de Justiça:

"I - fazer pessoalmente as citações, prisões, penhoras, arrestos e mais diligências próprias de seu ofício, certificando no mandado o ocorrido, com menção do lugar, dia e hora. A diligência, sempre que possível, realizar-se-á na presença de duas testemunhas.

II - executar as ordens do Juiz a que estiver subordinado;

III - entregar, em cartório, o mandado logo depois de cumprido;

IV - estar presente às audiências e coadjuvar o Juiz na manutenção da ordem".

Além das atribuições especificadas na lei processual, cada Estado disciplinará as atribuições do Oficial de Justiça em seu Código de Organização Judiciária.

Segundo o COJE (Código de Organização Judiciária do Estado do Rio Grande do Sul), caberá ao Oficial de Justiça :

"Síntese de deveres - cumprir pessoalmente mandados e diligências, fazer pregões, citações, notificações, intimações e executar as demais tarefas determinadas nas leis e regulamentos. Exemplo de atribuições - realizar, pessoalmente, as citações e demais diligências que efetuar, bem como afixar e desafixar editais; cumprir as determinações dos juízes; apregoar os bens que devam ser arrematados, assinando os respectivos autos; cumprir as demais atribuições previstas em lei ou regulamento; recolher ao ofício em que tramita o feito as importâncias recebidas quando, em virtude de execução por título judicial ou extrajudicial, o devedor, citado para o pagamento, efetivá-lo".

O Oficial de Justiça é um auxiliar da Justiça e, no complexo de sutilezas dos atos processuais, é elemento importante para a plena realização da justiça.

No Direito brasileiro, o Oficial de Justiça é um executor judicial, cabendo-lhe realizar todas as diligências determinadas pelos magistrados.

Segundo José Frederico Marques (1966), suas funções principais são de duas espécies: 1º) a prática de atos de intercâmbio processual; 2º) a prática de atos de execução.

Lopes da Costa, mencionado por Nary (1985), alude que o Oficial de Justiça é um simples delegado, um mensageiro, um executor de ordens, um *missius iudicis*.

Apesar de ser um simples executor de ordens judiciais, tem o Oficial de Justiça a prerrogativa de certificar, dando fé de todo o ocorrido nas diligências.

Mesmo no Direito estrangeiro, em que os Oficiais de Justiça desfrutam de certa autonomia, têm eles o dever de obediência às ordens do juiz. É o caso do Direito alemão, do italiano e do francês.

Gerges Nary (1985) define que:

"O direito brasileiro, fiel à tradição lusitana, da qual não logrou emancipar-se, também tem ainda um rígido sistema de subordinação, que não se coaduna mais com a celeridade do processo moderno. Mas a diferença entre o direito nacional e o direito estrangeiro, não obsta a que se conclua que a natureza do ato do Oficial de Justiça está na *publica fides*".

Segundo o mesmo autor (*op. cit.*), até mesmo Carnelutti mencionou a existência daqueles que executam as ordens judiciais: "Gli ufficiali del processo si possono classificare sotto l'aspeto aministrativo, o sotto l'aspetto giudiziario, secondo il grado o secondo la funzione". Gerges Nary (*op. cit.*) menciona as perspectivas futuras do Oficial de Justiça:

> "O Brasil se acha no limiar de uma era que merece profunda reformulação de ordem jurídica positiva. São legítimos os anseios dos oficiais de justiça, que reivindicam direitos a serem reconhecidos através da nova legislação. Impõe-se, na verdade, a elaboração de uma lei orgânica, que unifique juízes e auxiliares da justiça, disciplinando-lhes os direitos, os deveres, as prerrogativas e as atribuições".

No que concerne à atribuição de afixar e desafixar editais, vê-se que essa tarefa não mais é realizada por Oficiais de Justiça, eis que o Poder Judiciário conta com servidores cartoriais de várias categorias, os quais vêm realizando esse tipo de tarefa. Além disso, a função de porteiro de auditório e a de apregoar bens que devam ser arrematados freqüentemente não são desempenhadas por Oficiais de Justiça, sobretudo em comarcas maiores. A função de porteiro de auditório ficou ao encargo do Oficial de Justiça que serve o Tribunal do Júri e dos que trabalham nas sessões dos Tribunais de Justiça e de Alçada, pelo menos no Estado do Rio Grande do Sul.

Realmente, o Oficial de Justiça é um dos servidores de maior importância para o Poder Judiciário, pois é um verdadeiro mensageiro da Justiça, cabendo-lhe, no quadro de organização judiciária, uma posição similar e nunca inferior à dos Escrivães. Dotado da prerrogativa da fé pública, deve efetuar as diligências com bom-senso e a máxima dedicação, jamais se corrompendo, vivendo os preceitos da justiça, jamais se afastando da retidão e da eqüidade.

Os Oficiais de Justiça estão sujeitos diariamente a riscos no cumprimento de suas atividades. Por isso, podem portar arma nas diligências que efetuarem. Quando no cumprimento de mandado de prisão, o Oficial de Justiça se equipara à autoridade policial, podendo, inclusive, portar arma.

O Oficial de Justiça, apesar de indispensável para o andamento do processo, não pode praticar atos fora de sua competência. Isso significa que o Oficial de Justiça deve cumprir o mandado, estritamente como determinado no mandado.

Não resta dúvida de que as atribuições do Oficial de Justiça são de relevância extrema para o desenvolvimento do processo.

Sem a atividade expedita, diligente e honesta do Oficial de Justiça, as lides judiciárias simplesmente emperram, não andam. Daí a importância de um trabalho realizado com zelo, dedicação, ainda que existam barreiras para tal.

2. *Aspectos históricos*

Segundo alguns historiadores, a origem do Oficial de Justiça se deu no Direito hebraico. Os juízes de paz tinham, nessa época, alguns oficiais encarregados de executar as ordens que lhes eram confiadas.

No Direito Justiniano, foram atribuídas ao *apparitor* as funções desempenhadas pelos Oficiais de Justiça atualmente.

Nas legislações medievais, eram de pouca importância os Oficiais de Justiça. Entretanto, à medida que vão se difundindo o Direito Romano e o Canônico, readquirem os Oficiais de Justiça a posição de auxiliares do juiz.

O Direito francês antigo dividiu em duas categorias os auxiliares de justiça da época: os oficiais judiciários e os *huissiers*. Os primeiros seriam comparáveis aos escrivães e escreventes da atualidade, enquanto os segundos se comparariam aos atuais Oficiais de Justiça.

Em Portugal, com a instituição da monarquia, alvorece a instituição dos Oficiais de Justiça. Nos forais e em alguns documentos legislativos, figuram com o nome de *sagio* ou *saion*. Também eram denominados de *meirinho* ou *meirinus*. Aliás, o termo meirinho é muito usado, seja por advogados, seja por magistrados, seja por promotores de Justiça.

Observa Gama Barros, segundo Gerges Nary (*op. cit.*, p. 9):

"para conhecer a instituição dos meirinhos em Portugal no período dos séculos XII a XV, as principais fontes são os forais, as leis, os registros das chancelarias régias e os capítulos das cortes; mas, apesar de numerosos à luz do seu conjunto, se tirar não basta para dissipar as transformações por que foi passada a instituição. Constituída a monarquia no século XII, os meirinhos continuam a fazer parte da organização do país como agentes, não temporários, mas efetivos da administração geral".

Nos três primeiros séculos da nacionalidade lusitana, houve duas classes de meirinhos distinguidas por Gama Barros, ainda segundo o autor antes citado:

"Uma, em alguns conselhos de senhorio particular, onde exerciam a sua função como representantes deles, ou em conselhos do rei e noutros como agentes subalternos do senhorio e estranhos à organização municipal, por exemplo nos grêmios modelados pelo foral d'Ávila e outra, muito mais importante, constituída por delegados do monarca. O ofício deles era permanente, mas só em casos extraordinários entravam no território municipal para intervir em assuntos de administração ou de justiça. As funções de ambas as classes consistiam principalmente no que diz respeito à polícia e à repressão dos criminosos".

O Direito português distinguia o meirinho-mor do meirinho. O primeiro era o próprio magistrado. O segundo era o Oficial de Justiça, que era oficial dos ouvidores e dos vigários-gerais.

No Direito brasileiro, na época do Império, os princípios fundamentais emanados de Portugal foram racionalizados. Naquela época, os juízes de Direito e de paz podiam nomear e demitir livremente os Oficiais de Justiça, que recebiam emolumentos fixados para os diferentes atos em que intervinham.

Após a Independência, por lei de 11 de outubro de 1827, nosso primeiro imperador sistematizou a função do Oficial de Justiça.

Manuel Antônio de Almeida, nas suas *Memórias de um Sargento de Milícias,* descreve a importância do meirinho na época de D. João VI, ao aludir que as esquinas formadas pelo cruzamento das ruas do Ouvidor e da Quitanda, no Rio, eram conhecidas como "canto dos meirinhos". "Nesse local se reuniam, temíveis, respeitáveis e respeitados, enquanto não desenrolavam as intimações diante dos olhos apavorados dos pacientes, quando se tornavam aterradores".

3. Atos processuais judiciais

Os atos processuais judiciais são atividades realizadas pelo próprio juiz ou por serventuários dotados ou não de fé pública, que realizam os atos para satisfazer a pretensão jurisdicional do Estado ou do particular, tudo de acordo com a lei.

É mister que o ato processual esteja previsto na lei ou, pelo menos, que não a contrarie, realizado de sorte que preencha o fim pretendido. Deve haver um nexo necessário entre a realização do ato e sua finalidade.

Embora alguns sustentem que todo ato praticado com abuso de poder é inválido, essa corrente vem sido superada, no sentido de que o ato praticado com abuso de poder tenha plena eficácia, desde que o fim pretendido seja alcançado e esteja revestido de todos os requisitos legais. Nesse caso, não será prejudicada nenhuma das partes e sim, o serventuário responsável pela realização do ato, o qual poderá ficar sujeito a responsabilização criminal e a punição funcional. Contudo, para que o serventuário seja efetivamente punido, é necessária a abertura de procedimento administrativo, requisito indispensável não somente segundo o Estatuto dos servidores da justiça, mas em todos os estatutos da administração pública e na própria Constituição Brasileira, em seu § 1º, art. 41:

> "São estáveis após três anos de efetivo exercício, os servidores nomeados para cargo de provimento efetivo, em virtude de concurso público.
>
> § 1º O servidor público estável só perderá o cargo:
> I - em virtude de sentença judicial transitada em julgado;

II - mediante processo administrativo em que lhe seja assegurada ampla defesa;
III - mediante procedimento de avaliação periódica de desempenho na forma de lei complementar, assegurada ampla defesa."

Por outro lado, o processo administrativo somente deverá ser instaurado caso efetivamente haja provas robustas, apuradas em sindicância, que comprovem que o serventuário se excedeu na realização do ato processual ou realizou o ato com vício.

A própria sindicância também deve ser instaurada mediante um fato concreto e considerável, que coloque em dúvida a realização do ato processual pelo serventuário, sob pena de se causar injustiças e aborrecimentos inúteis ao serventuário. É aconselhável que, antes da instauração de sindicância, o Juiz aprecie a ficha funcional do serventuário responsável pela realização do ato.

O organismo judiciário é dotado de um complexo de cargos e tarefas destinados a atender os propósitos da Justiça, bem como os interesses da própria coletividade. Esse complexo de atribuições é distribuído entre seus inúmeros serventuários, disciplinados por provimentos em cargos de acordo com critérios elaborados pelo próprio Poder Judiciário, de sorte que cada cargo tenha suas atribuições específicas. Na verdade, todos os serventuários da Justiça são detentores de tarefas que se configuram em atos processuais, quando realizados a serviço da Justiça. Portanto, o simples ato de protocolar uma petição é um ato processual que, em determinados casos, pode ser decisivo aos prazos que devem observar as partes.

Os atos processuais devem ser realizados das 6 às 20 horas, segundo preceitua nosso CPC, de acordo com a nova redação do art. 172, determinada pela Lei nº 8.952, de 13 de dezembro de 1994.

Neste ponto andou bem o legislador, pois o horário das 6 às 18 horas, conforme preceituava a legislação derrogada, é exíguo para a prática de atos processuais, mormente com o horário de verão adotado nos últimos anos.

Conforme ensina Francisco Vaz Cunha, *in Alterações no Código de Processo Civil*, 1995, *verbis:*

> "Justifica-se a ampliação do prazo até para facilitar o funcionamento do Poder Judiciário no seu todo, aumentando em duas horas diárias o espaço de tempo legal para a prática dos seus atos, independentemente de motivos especiais que fundamentassem a sua realização além do limite estabelecido."

Além disso, nosso Código estatui que são considerados feriados, para efeitos legais, os dias que assim a lei declarar, omitindo-se quanto ao sexto dia de semana, no qual pode ser realizado qualquer ato processual. Aliás, ainda que em feriado e domingo, pode ser realizado qualquer ato processual desde que realizado pelo juiz ou a mando dele. Nos sábados ou fora do horário de expediente forense, após as 20 horas, pode ser realizado qualquer ato judiciário desde que com ordem expressa do magistrado competente. Assim, necessitarão de autorização os realizados externamente por Oficiais de Justiça fora do horário normal, salvo se o início do cumprimento do mandado se deu antes das 20 horas, podendo, nesse caso, ultrapassar esse horário. Deve o fato ser expressamente mencionado em certidão ou no próprio termo ou auto do respectivo ato. É aconselhável, nesse caso, a participação efetiva de pelo menos uma testemunha, sem prejudicar o que reza o CPC sobre o acompanhamento de duas testemunhas, na realização de arrombamento e na de busca e apreensão. (mod. 11 e 12, p. 129). Logo, atos praticados após as 20 horas só necessitam de autorização do juiz para efetivação, caso sejam realizados externamente por Oficiais de Justiça. Não é necessária autorização expressa do magistrado para os atos cartoriais, tais como protocolo, juntadas de documentos e demais atos praticados por escrivães e outros cartorários.

Os atos praticados pelos serventuários da Justiça trazem presunção de veracidade, salvo prova em contrário. Esta deve ser robusta e evidenciar a prática de ato irregular ou a alusão a fatos que não ocorreram na realização do ato. Portanto, a fé pública deve ser considerada na apreciação de qualquer ato processual, principalmente aqueles realizados por Oficiais de Justiça. A presunção de veracidade, como conseqüência da fé pública, é extremamente importante, a fim de que haja segurança para as partes, advogados e promotores, enfim, para todos que participam do processo. Ainda no que respeita à fé pública, importa ressaltar que nem todos os serventuários da Justiça comum a têm. Os escrivães, Oficiais de Justiça e escreventes autorizados são exemplos de serventuários detentores de fé pública. Outros serventuários, que realizam tarefas de menor complexidade, não a detêm, apesar de realizarem atos processuais: são os escreventes, os auxiliares de serviços gerais e análogos, os quais realizam tarefas que efetivamente não carecem de fé pública.

Muitos atos processuais não têm forma descrita em lei. A maneira pela qual serão realizados tais atos não são essenciais à sua validade, bastando que não contrariem a lei e alcancem o objetivo principal. O recolhimento de bens por Oficial de Justiça é um exemplo prático, no qual o que importa é a remoção dos bens, não interessando se a diligência foi realizada por mais de um Oficial de Justiça ou se foi acompanhada por testemunhas. Nesse caso, a lei é omissa e ficando a maneira de recolher os bens a critério do Oficial de Justiça, que deve lavrar o auto pertinente (auto de recolhimento e entrega) (modelo 14). Existem atos para cuja execução há forma expressa em lei. Um exemplo é a busca e apreensão, que deve ser realizada por dois Oficiais de Justiça, acompanhados no mínimo por duas testemunhas.

Durante as férias e nos feriados não se praticarão atos processuais. É o que preceitua o CPC vigente, que excetua a produção antecipada de provas e a citação a fim de evitar perecimento de direito e a execução de alguns atos, tais como arresto, seqüestro, busca e apreensão, etc. Na realidade, o legislador teve o cuidado em excluir a realização de determinados atos no período das férias forenses, mas não deixou de permitir determinados atos cuja demora poderia prejudicar as partes e até mesmo a prestação jurisdicional de forma eficaz.

Cândido de Oliveira Filho cita Pereira e Souza, que define férias como período de dias de vacação ou suspensão dos negócios forenses, abrangendo as férias propriamente ditas ou período fixo de repouso dos juízes, os domingos e os dias de festa ou feriados nacionais.

No seio do Tribunal de Justiça de São Paulo, duas correntes se digladiam no que diz respeito à melhor aplicação da lei. Entendem uns desembargadores que, em face da disposição genérica dos artigos 1º e 2º do Decreto n. 6.460, de 25 de maio de 1934, não podem ser interpostos recursos durante as férias coletivas, enquanto outros pensam de maneira contrária.

De acordo com o artigo 797, nas Disposições Gerais do Código de Processo Penal brasileiro, excetuadas as sessões de julgamento, os demais atos do processo poderão ser praticados em período de férias, em domingos e dias feriados. Contudo, os julgamentos iniciados em dia útil não se interromperão pela superveniência de feriado ou domingo. Portanto, em se tratando de matéria *penal*, nada obstará que o Oficial de Justiça realize ato processual no sábado, domingo ou feriado. Nesse caso, não necessitará de autorização judicial expressa, eis que a lei não dispõe de outra forma.

Realmente, os atos processuais realizados de forma correta são de suma importância para que o Poder Judiciário cumpra seu importante papel.

Os atos processuais são praticados por diversos sujeitos do processo, classificando-se em a) atos do órgão judiciário, constantes de atos do juiz e de seus auxiliares; b) atos das partes.

Os atos do juiz distinguem-se basicamente em provimentos e atos reais. Os provimentos são os pronunciamentos do juiz no processo, objetivando a solução de questões ou os chamados provimentos interlocutórios. Os atos dos auxiliares de justiça refletem a cooperação dos serventuários no desempenho da atividade judiciária. São os atos de movimentação, documentação e execução, sendo os últimos realizados por Oficiais de Justiça, via mandado judicial, ficando ao encargo dos demais serventuários os atos de movimentação e documentação. Já os atos das partes poderão configurar-se em lícitos ou ilícitos, dependendo de sua conformação ao Direito.

É necessária a documentação de todos os atos processuais para que efetivamente sejam registrados todos aqueles que podem ser reduzidos a termo ou a certidão por serventuários da Justiça. A audiência é um exemplo típico de ato processual que deve ser reduzido a termo, eis que realizada oralmente, tem de ser registrada para ter validade. Por outro lado, a Lei dos Juizados Especiais Cíveis e Criminais (Lei nº 9.099, de 26.9.95), no parágrafo terceiro do art. 13, prevê que apenas os atos considerados essenciais serão registrados resumidamente, em notas manuscritas, datilografadas, taquigrafadas ou estenotipadas, sendo que os demais poderão ser gravados em fita magnética ou equivalente, que será inutilizada após o trânsito em julgado da decisão. O mesmo consta no projeto de revisão do Código de Processo Penal (CPP) estacionado no Parlamento. O termo também é empregado para os atos de movimentação realizados pelos serventuários cartoriais, detentores de fé pública ou compromissados para tal. É o caso do oficial escrevente designado oficial ajudante, cargo provido pelo Poder Judiciário do Estado do Rio Grande do Sul. Tais serventuários realizam os termos de juntada, de vista, de recebimento de autos e documentos, de conclusão de autos e documentos, etc.

Segundo a maioria dos doutrinadores brasileiros, usa-se *auto* em substituição à palavra *termo*. Entretanto, é conveniente que seja analisada a espécie do ato processual.

No que concerne à prática de atos processuais no âmbito da Lei dos Juizados Especiais Cíveis e Criminais, é importante ressaltar que em seu texto legal, no art. 12, o legislador faculta a prática de atos processuais em horário noturno, conforme dispuserem as normas de organização judiciária de cada Estado da Federação.

Do ponto de vista prático, verifica-se que o Oficial de Justiça trabalha muito fora do horário de expediente. Portanto, não deve ser considerado como horário de trabalho somente o momento em que este servidor esteja cumprindo mandados. Certificar, lavrar autos, organizar roteiros dos locais que visitará, tudo isso e muito mais deve ser considerado como serviço prestado pelo Oficial.

As atividades desenvolvidas na sala dos Oficiais de Justiça, nas sessões dos tribunais, enfim, em qualquer horário e local, são também importantes e muitas vezes necessárias.

4. Atos cartoriais

Assim como os realizados externamente, os chamados atos cartoriais são de elevada importância. São os atos de movimentação e documentação. Alguns são de maior complexidade e outros mais rotineiros mas, como todas as atividades judiciárias, tanto as externas como as realizadas dentro do fórum, são importantes. Assim, o simples protocolar de uma petição corriqueira em qualquer cartório judicial se torna importante, pois faz prova da entrega de documentos pela parte dentro do prazo pertinente. A Justiça disciplina e estabelece modelos de carimbos, protocolos e outros documentos e papéis.

As atividades realizadas dentro dos cartórios contam com a participação de escrivães, oficiais escreventes, oficiais ajudantes e auxiliares de serviços gerais, bem como de atendentes judiciários. Assim são disciplinados os cargos pela Justiça do Estado do Rio Grande do Sul. Cada cartório judicial conta com um escrivão, ficando o número dos demais serventuários vinculado a determinadas circunstâncias, tais como o número de processos em andamento, que implicará mais ou menos serviços e atividades realizados no cartório. O bom andamento dos serviços forenses certamente depende de bons serviços realizados pelos serventuários dos cartórios e pelos Oficiais de Justiça. Aliás, comarcas de entrância final e intermediária, que são dotadas de central de mandados, não têm Oficiais de Justiça lotados em cartórios, e sim, na própria central de mandados, que toma forma de uma seção existente dentro do fórum. É de bom alvitre que a central de mandados seja chefiada por Oficial de Justiça, como ocorre no fórum de Porto Alegre/RS.

5. Cumprimento de mandados

É essência da função do Oficial de Justiça o cumprimento dos mandados judiciais. Que faria a Justiça sem os diligentes colaboradores que em dadas oportunidades tudo arriscam para que os atos se cumpram? Realmente, o Oficial de Justiça cumpre o mandado e assim o faz com a prerrogativa da fé pública. Assim, o mandado deve ser explícito e claro, a fim de que o Oficial cumpra a medida de forma correta e eficaz.

Presentemente, o Oficial de Justiça é um auxiliar de Justiça, conforme o art. 139 do CPC, quando então executará as ordens do magistrado. Fará as diligências necessárias e entregará em cartório ou na central de mandados, conforme o caso, os mandados, merecendo fé às suas certidões.

Sem o mandado judicial não poderá realizar o Oficial de Justiça qualquer ato processual, a não ser em cumprimento à ordem verbal do magistrado no caso de atuação no Tribunal do Júri, no pregão das partes, bem como em alguns atos praticados na esfera dos Juizados Especiais Cíveis e Criminais, cujo tema é abordado em capítulo especial.

Em algumas comarcas do Estado do Rio Grande do Sul já existe a central de mandados, o que facilita e agiliza o trabalho do Judiciário. Nessas comarcas, o cumprimento de mandados se dá de forma mais rápida e eficaz. Assim, através de zoneamento, o Oficial de Justiça ficará incumbido de cumprir a maioria dos mandados em uma determinada região. Esse zoneamento e a fixação do perímetro de cada zona ficam ao encargo dos respectivos juízes. Dependendo de sua extensão ou de sua densidade, cada zona contará com um ou mais Oficiais de Justiça.

De acordo com a modificação introduzida pela Lei nº 8.710, de 24 de setembro de 1993, no art. 230 do CPC, o Oficial de Justiça poderá efetuar a citação ou intimação em outra comarca, desde que contígua e de fácil comunicação, ou que se situe na mesma região metropolitana. Por conseguinte, fica facultado ao Oficial o cumprimento de mandado citatório ou intimatório em outra comarca, desde que atendidos os requisitos mencionados.

O Oficial de Justiça, quando em diligência, poderá tomar a declaração de qualquer pessoa, acostando termo no mandado e colhendo a assinatura do informante. Tal procedimento é aconselhável na medida que possa servir de subsídios para elucidação de fatos por vezes questionados em juízo, tais como a ocultação do réu, a localização de partes, etc. É evidente que isso é facultado ao Oficial, eis que a lei não obriga tal procedimento.

Nos mandados judiciais, deverão estar consignados os nomes dos Oficiais de Justiça imcumbidos de seu cumprimento, os quais deverão identificar-se perante as pessoas interessadas. Por isso, é imprescindível que o Oficial sempre porte sua carteira funcional.

Conforme Provimento nº 08/97 da Corregedoria-Geral da Justiça do Estado do Rio Grande do Sul, publicado no Diário da Justiça em 7 de abril de 1997, o cumprimento de todos os mandados oriundos dos feitos afetos ao Juizado da Infância e Juventude competirão aos Oficiais de Proteção da Infância e Juventude, que nada mais são do que o antigo cargo de Comissário de Menores. Portanto, pelo menos no Estado do Rio Grande do Sul, as diligências concernentes ao âmbito dos processos de menores, de acordo com o Estatuto da Criança e do Adolescente (Lei nº 8.069, de 13 de julho de 1990), efetivar-se-ão por estes funcionários, e não mais por Oficial de Justiça. São exemplos das atribuições, citação, intimação, notificação, apreensões e demais atos externos do processo. Contudo, em eventual impedimento do

Oficial de Proteção da Infância e da Juventude, seja por motivo de férias, licenças e causas diversas, será ele substituído por outro de igual cargo, e, na ausência deste, por Oficial de Justiça da Comarca.

Ao cumprir mandados, deve o Oficial de Justiça ter o máximo de cautela. Fazer-se acompanhar por policiais em certas diligências é muito importante.

Em muitos casos, é de bom alvitre que o Oficial de Justiça porte algemas, a fim de imobilizar pessoas. Isto se dá na realização de prisões ou nos casos em que haja o cometimento de crimes, como desacato, desobediência, resistência, ou quando estiver, de qualquer forma, posta em perigo a integridade física do Oficial ou de terceiros.

O porte de arma e um constante treinamento no manuseio dela também é aconselhável, pois, em muitos casos, a vida do Oficial estará sob risco.

6. Ações possessórias

Segundo Clóvis Beviláqua, citado por Washington de Barros Monteiro (1989), "o direito das coisas é o complexo das normas reguladoras das relações jurídicas referentes às coisas suscetíveis de apropriação pelo homem".

A atividade judiciária na esfera das ações possessórias é muito ampla. Geralmente, Oficiais de Justiça farão cumprir os atos determinados.

Ao receber a petição, o juiz fará a apreciação devida e ordenará o que for necessário. De acordo com a lei, o mandado judicial será cumprido pelo Oficial de Justiça, cuja intervenção poderá variar muito, consistindo em citação (modelo 18), manutenção ou reintegração de posse (modelo 13).

No caso de mandado liminar, o Oficial de Justiça deve lavrar as certidões e autos com muito cuidado, descrevendo minuciosamente todos os pormenores havidos no decorrer das diligências, a fim de que fique tudo devidamente documentado no processo. A presença de testemunhas é muito importante, apesar de a lei não as exigir para o exercício desses atos.

O Oficial de Justiça, ao receber um mandado extraído de autos de ações possessórias, poderá solicitar ao Juiz a expedição de ofício requisitando força pública para o acompanhamento da diligência, a fim de que a medida seja cumprida de forma eficaz e para sua própria segurança pessoal. Aliás, em comarcas do interior, é muito comum a realização de tarefas concernentes às ações possessórias em que o Oficial de Justiça tem o dever de proceder à desocupação de imóveis de grande extensão, reintegrando pessoas na posse desses imóveis liminarmente. Esse serventuário, como em todas suas atribuições, tem o dever de cumprir o mandado de forma legal e com bom-senso. É aconselhável que seja a diligência acompanhada no mínimo por duas testemunhas, que assinarão o auto pertinente (auto de reintegração de posse (modelo 13), auto de manutenção de posse (modelo 13) e outros). Os policiais que eventualmente acompanharem o cumprimento da ordem judicial também poderão servir como testemunhas, assinando o respectivo auto.

6.1. MANDADO DE REINTEGRAÇÃO E MANUTENÇÃO DE POSSE

Aquele que estiver sendo turbado e esbulhado em sua posse poderá ser reintegrado ou mantenido na posse de imóvel. Não decorrendo ano e dia, a medida poderá ser determinada através de mandado liminar. É o que preceitua o artigo 926 do CPC, rezando que o possuidor tem direito a ser mantido na posse em caso de turbação e reintegrado em caso de esbulho.

O mandado de reintegração ou de manutenção de posse poderá ser cumprido por *um* Oficial de Justiça, não dispondo a lei que deva ser cumprido por *dois* ou mais Oficiais de Justiça. Contudo, é aconselhável que em cumprimento de mandados extraídos de ações possessórias, sejam os mesmos cumpridos por *mais de um* serventuário, acompanhado por força policial. Todo aparato deve ser preparado para melhor cumprimento do mandado, devendo os procuradores da parte-autora, ou ela mesma, prestar todos os meios necessários para tal. A requisição de força pública poderá ser solicitada por escrito pelo próprio Oficial de Justiça. Esse pedido ficará nos autos com o devido despacho autorizando a força pública e determinando a expedição de ofício à instituição policial requisitada, que será, de preferência, organização militar estadual. Nada impede, porém, que o Oficial solicite verbalmente o auxílio de força pública à própria instituição policial para melhor eficácia no cumprimento da medida.

Caso haja necessidade de remoção de bens, deverá ser nomeado um depositário pela parte-autora, caso não haja depositário judicial na comarca. Todavia, em comarcas do interior, quando houver na área a ser reintegrada bens e benfeitorias que não possam ser removidos na ocasião da diligência, deve o Oficial de Justiça descrever minuciosamente esses bens no auto de reintegração de posse. Nesse caso, poderá ser lavrada uma certidão à parte, mencionando o ocorrido, além do auto de reintegração de posse. É aconselhável que o serventuário exare tal certidão, em que será melhor destacada a existência de benfeitorias e de bens irremovíveis, a fim de que o juiz possa melhor decidir a causa.

O mandado deve ser lavrado de forma clara, inequívoca, de sorte a proporcionar ao Oficial de Justiça os atos que devam se realizados, como exemplo, o nome completo e correto das partes, o endereço preciso, o nome de ocupantes do imóvel, etc.

Cabe lembrar que o Oficial de Justiça deve ser diligente, mas não pode ser confundido com um *"detetive"*. Cabe às partes fornecer os dados necessários, e ao Escrivão fazer consigná-los no mandado.

7. Mandado de embargo de obra

Caberá ação de nunciação de obra nova: a) ao proprietário ou possuidor, a fim de impedir que a edificação de obra nova ou de imóvel vizinho lhe prejudique o prédio, suas servidões ou sua própria destinação; b) ao condomínio, para impedir que o co-proprietário execute alguma obra com prejuízo ou alteração da coisa comum; c) ao município, a fim de impedir que o particular construa em contravenção da lei, do regulamento ou de postura.

Segundo a jurisprudência dominante, não é cabível a ação de nunciação de obra nova já concluída ou quase terminada.

De acordo com artigo 938 do CPC, após o deferimento do embargo, um Oficial de Justiça, encarregado de seu cumprimento, lavrará auto circunstanciado (modelo 5), devendo descrever o estado em que se encontra a obra e, imediatamente, deverá intimar o construtor e os operários a que não continuem a obra, sob pena de desobediência, citando o proprietário da obra para contestar, se quiser, a ação, no prazo de cinco dias.

Na prática, o Oficial de Justiça, ao chegar no local onde a obra está sendo construída, deverá procurar imediatamente o responsável pela construção, que geralmente será o mestre-de-obras, o encarregado, enfim, aquele que efetivamente comanda diretamente os operários construtores. Deverá lhe ser dada ciência do mandado e solicitado que reúna imediatamente todos os empregados que estão no local. Com voz alta e clara, o Oficial de Justiça intimará a todos, dando ciência de tudo, para que a obra seja parada naquele momento, sob pena de desobediência. Caso o proprietário esteja no local, deverá ser imediatamente citado da ação (modelo 6). Todavia, caso não se encontre, certificará o Oficial de Justiça o ocorrido, procurando efetuar a citação o mais breve possível.

De todo o ocorrido, será lavrado pelo Oficial de Justiça auto de embargo de obra (modelo 5), no qual deverão ser mencionados todos os detalhes, principalmente a intimação dos trabalhadores da obra. Será dispensada a assinatura dos operários, bastando a assinatura do construtor, principalmente se a obra for de grande vulto. Entretanto, a negativa de assinatura não prejudicará a eficácia do ato processual, eis que o serventuário goza de fé pública, e a assinatura é mera formalidade.

Nesse ato processual também se recomenda a participação de duas testemunhas, que assinarão o auto respectivo, o qual será lavrado o mais rapidamente possível, pois descreverá o estado em que se encontra a obra. Essa descrição deverá conter os maiores detalhes possíveis, mas não terá que ser vazada em termos técnicos, pois o Oficial de Justiça não tem atribuição, nem conhecimento para tal. Por outro lado, é recomendado que o serventuário solicite informações aos operários que estão no local sobre determinados aspectos da obra que lhe pareçam totalmente desconhecidos, como por exemplo, vigas, alicerces e outros detalhes da execução.

8. Ações cautelares

O processo cautelar tem por finalidade obter segurança que torne útil e possível a prestação jurisdicional de conhecimento e de execução, ou seja, é ação para garantir utilidade e eficácia da futura prestação jurisdicional. A medida cautelar visa a assegurar o direito de forma rápida, de modo que prevaleça a rapidez na prestação jurisdicional, sob pena de prejuízos irreparáveis. É o chamado *fumus boni juris* e *periculum in mora* (fumaça do bom direito e perigo na demora), os quais são requisitos observados pelo juiz.

Nas ações cautelares, a participação de Oficial de Justiça é muito grande, pois cabe ao juiz determinar a medida e ao Oficial cumpri-la, geralmente em caráter urgente. Além das cautelares inominadas, essas medidas consistem naquelas definidas na lei processual civil, que são os procedimentos cautelares específicos: o arresto, o seqüestro, a busca e apreensão, o arrolamento de bens e outros.

A participação de mais de um Oficial de Justiça não só é importante, mas também necessária, pois, em certos casos, a lei descreve como será praticado o ato e por quem será efetivado. É o caso da busca e apreensão, a qual será realizada por dois Oficiais de Justiça, consoante o *caput* do artigo 842 e seus §§ 1º, 2º e 3º e o art. 843 do CPC:

"O mandado será cumprido por dois Oficiais de Justiça, um dos quais o levará ao morador, intimando-o a abrir as portas.

§ 1º. Não atendidos, os Oficiais de Justiça arrombarão as portas externas, bem como as internas e quaisquer móveis onde presumam que esteja oculta a pessoa ou coisa procurada.

§ 2º. Os Oficiais de Justiça far-se-ão acompanhar de duas testemunhas.

§ 3º. Tratando-se de direito autoral ou direito conexo do artista, intérprete ou executante, produtores de fonogramas e organismos de radiofusão, o Juiz designará, para acompanhar os Oficiais de Justiça, dois (2) peritos, aos quais incumbirá confirmar a ocorrência da violação, antes de ser efetivada a apreensão.

Art. 843. Finda a diligência, lavrarão os Oficiais de Justiça auto circunstanciado, assinando-o com as testemunhas".

8.1. MANDADO DE BUSCA E APREENSÃO

Apesar de a lei mencionar que a busca e apreensão seja realizada por dois Oficiais de Justiça, na prática o ato não é anulável se for realizado somente por um Oficial. É evidente que o ato deve ser realizado somente mediante mandado judicial, nunca pode ser realizado por Oficial de Justiça sem o mandado competente, mesmo que ele exista. É mister que o Oficial de Justiça porte o mandado no momento da diligência. É muito comum que a busca e apreensão (modelos 11 e 12) seja realizada por somente um Oficial de Justiça. Entretanto, se houver dúvida acerca do procedimento do serventuário, tal como abuso de poder, ficará este prejudicado. Nesse caso, apesar de dúvida sobre a maneira de proceder do serventuário, o ato não deve ser anulado. A corrente mais aceita atualmente no Direito Administrativo sustenta que um ato não pode ser anulado, ainda que haja abuso de poder do serventuário, bastando que a finalidade do ato seja alcançada, pois ela é a vontade do estado. O serventuário poderá ficar sujeito às sanções penais e administrativas cabíveis. Por outro lado, deve prevalecer a fé pública do Oficial de Justiça, até que se demonstre o contrário, com prova robusta, ainda que a diligência tenha sido realizada apenas por um Oficial.

No caso de resistência da parte, o Oficial de Justiça poderá proceder a arrombamentos. Assim, mesmo que não conste expressamente no mandado a determinação, no caso de iminência de fuga ou deterioração do bem, nada obstará que o Oficial efetue o arrombamento de obstáculos. O Oficial de Justiça deverá lavrar o auto de busca e apreensão (mod. 11 e 12, p. 129), que constará de relatório completo das diligências, inclusive se houve resistência ou necessidade de proceder a arrombamentos.

No caso das medidas cautelares em geral, em especial a de busca e apreensão, é necessário que o Oficial de Justiça tome todas as precauções preliminarmente, que poderá consistir na solicitação de força policial. A força pública, muitas vezes, será necessária no cumprimento do mandado, podendo ser indispensável para o fiel cumprimento da medida, principalmente se for o caso de busca e apreensão de menor.

8.2. MANDADO DE ARRESTO

Arresto é a apreensão de bens indeterminados do devedor, sendo necessárias para sua concessão, prova literal da dívida líquida e certa e prova documental ou justificação dos casos mencionados no artigo 813 do CPC, ou seja:

"O arresto tem lugar:

I - quando o devedor sem domicílio certo intenta ausentar-se ou alienar os bens que possui, ou deixa de pagar a obrigação no prazo estipulado;

II - quando o devedor, que tem domicílio:

a) se ausenta ou tenta ausentar-se furtivamente.

b) caindo em insolvência, aliena ou tenta alienar bens que possui; contrai ou tenta contrair dívidas extraordinárias; põe ou tenta pôr os seus bens em nome de terceiros; ou comete outro qualquer artifício fraudulento, a fim de frustrar a execução ou lesar credores;

III - quando o devedor, que possui bens de raiz, intenta aliená-los, hipotecá-los ou dá-los em anticrese, sem ficar com algum ou alguns, livres e desembaraçados, equivalentes às dívidas;

IV - nos demais casos expressos em lei".

Na verdade, o arresto, como medida cautelar, deve ser cumprido, através de mandado, por Oficial de Justiça. Apesar de a lei processual civil não mencionar expressamente que a medida deva ser realizada por Oficial de Justiça, por analogia com outras medidas, fica clara a necessidade da intervenção desse serventuário, sendo nulo o arresto realizado por quem não o seja, de carreira ou nomeado pelo juiz para tal. É o caso do Oficial de Justiça *ad hoc*, que é uma pessoa nomeada pelo magistrado para realizar um ou mais atos, como se Oficial de Justiça fosse. Modernamente, a figura do Oficial de Justiça *ad hoc* está sendo abolida do serviço judiciário, tendo em vista o preenchimento dos cargos por concurso público. Assim, o mandado de arresto deverá ser cumprido por Oficial de Justiça, cabendo à parte requerente prestar todos os meios necessários para a efetivação da diligência, como transporte, depositário para o bem e outros.

O arresto no processo de execução será abordado oportunamente.

8.3. MANDADO DE SEQÜESTRO

Seqüestro é a apreensão de determinados bens de outrem, requerida pela parte interessada em virtude de haver risco iminente de perda desses bens, que pode ocorrer nas seguintes circunstâncias:

a) no caso de bens móveis, semoventes ou imóveis, sendo disputada a propriedade, havendo receio de danificação ou de rixas; b) de furtos e perda de rendimentos de imóvel reivindicando, quando o réu, condenado em sentença ainda sujeita a recurso, os dissipar; c) nas ações de divórcio, de separação, de anulação de casamento, se um dos cônjuges estiver dilapidando o patrimônio, ou seja, vendendo; d) outros casos expressos em lei.

O mandado de seqüestro de bens será cumprido nos mesmos moldes do mandado de arresto, eis que a lei processual civil, no seu artigo 823, refere que se aplica ao seqüestro tudo que couber acerca do arresto. Assim, o mandado de seqüestro de bens também deverá ser cumprido por Oficial de Justiça.

Contudo, no que diz respeito ao depositário dos bens seqüestrados, caberá ao Juiz nomeá-lo. O que poderá ocorrer é que as partes indiquem, de comum acordo, o depositário competente, ou poderá recair o encargo a uma das partes, desde que ofereça maiores garantias e preste caução idônea.

No mandado de seqüestro de bens deverão constar expressamente o nome e o endereço do depositário. Segundo o que reza o parágrafo único do artigo 825 do CPC, caberá ao depositário solicitar ao juiz a requisição de força pública em caso de resistência do réu. Entretanto, parece equivocado o legislador ao mencionar a requisição de força pública. Ora, se o mandado é cumprido por Oficial de Justiça, cabe a esse serventuário solicitar força policial ou até mesmo prender por resistência o réu que obstar a diligência e se negar a entregar o bem a ser seqüestrado. É evidente que o procedimento mais correto é que o próprio Oficial de Justiça solicite força pública em caso de resistência, mas nada impede que o depositário faça tal solicitação, eis que a lei assim define. Por outro lado, não pode, em hipótese nenhuma, o depositário realizar o seqüestro propriamente dito. Todavia, caso se tratar de bem imóvel seqüestrado, caberá ao depositário solicitar ao juiz a requisição de força policial para retirada de terceiros que invadiram o imóvel posteriormente à concessão do seqüestro, sem a necessidade de mover ação possessória contra os invasores.

8.4. MANDADO DE ARROLAMENTO DE BENS

Segundo o artigo 855 do CPC "procede-se ao arrolamento sempre que há fundado receio de extravio ou de dissipação de bens".

Portanto, o arrolamento é um ato processual que deverá ser documentado e formalizado. Tal ato será cumprido através de mandado judicial por Oficial de Justiça. O Oficial de Justiça, de posse do mandado, efetuará a diligência no local determinado a fim de proceder ao arrolamento. Chegando ao local, intimará a pessoa responsável pelos bens a franquear sua entrada, seja em residência ou em qualquer outro lugar. Sendo atendido, deverá anotar todos os bens de forma minuciosa, arrolando até mesmo bens de pequena monta, assim como um quadro, um enfeite de parede, etc. (modelo 24).

Como a própria lei alude, o intuito do arrolamento de bens é a conservação deles em fundado receio de extravio ou de dissipação, que pode se constituir em alienação pela parte requerida, como no caso de ação de separação em que houver dilapidação de patrimônio por um dos cônjuges.

Contudo, se o Oficial de Justiça for impedido de efetivar o arrolamento de bens, o procedimento correto desse serventuário é entrar imediatamente em contato com o juiz que determinou a medida, solicitando autorização para efetuar arrombamentos e requisição de força pública mediante ofício expedido pelo escrivão. Assim, retornará o Oficial de Justiça ao local, rompendo obstáculos e procedendo à prisão de quem continuar a resistir. Em caso de urgência, o Oficial de Justiça poderá proceder ao arrombamento sem solicitar autorização ao juiz, devendo fazer constar tudo no auto pertinente.

O arrolamento de bens é a medida cautelar muito usada em ações de separação judicial, de alimentos, de divórcio, devendo o Oficial de Justiça realizar todas as anotações possíveis sobre os bens, descrevendo, se possível, o estado de conservação dos mesmos. A avaliação será efetuada oportunamente por avaliador judicial.

A diligência será documentada através do chamado *auto de arrolamento de bens* (modelo 24), que descreverá os bens com os respectivos dados, bem como todos os atos ocorridos durante o trabalho. Além disso, é sempre aconselhável que duas testemunhas presenciem o cumprimento da medida, assinando o auto.

8.5. MANDADO DE SEPARAÇÃO DE CORPOS

O Oficial de Justiça será incumbido de cumprir o mandado de afastamento e citação. É a medida cautelar que deve ser realizada e revestida de muita cautela por parte do Oficial. Mediante posse do mandado, caberá ao Oficial de Justiça o afastamento do cônjuge demandado em ação de separação de corpos, como medida cautelar ou no curso do processo. Além disso, pode ser determinado o afastamento no caso de dissolução de sociedade conjugal, também de forma liminar.

O mandado pode ser cumprido, facultativamente, por mais de um Oficial de Justiça.

É conveniente que o Oficial de Justiça cumpra o mandado acompanhado por força policial, a fim de que a medida seja efetivada de forma eficaz. Além disso, toda cautela deve ser observada pelo Oficial que tem incumbência de prender o réu, caso haja resistência em deixar imediatamente o lar. No caso de prisão, o réu é encaminhado à autoridade policial, que lavrará o auto de prisão em flagrante. O Oficial de Justiça será o condutor, e o réu, o conduzido.

No caso de resistência do réu e sua conseqüente prisão, o Oficial de Justiça circunstanciará o ocorrido em certidão acostada ao mandado (modelo 1), sem prejuízo das demais providências. Observar-se-ão na prisão os mesmos requisitos e formalidades legais estatuídas para a prisão em flagrante, eis que o réu cometerá ilícito penal em caso de resistência. Há casos em que poderão ser configurados outros delitos, como quando o réu agredir alguém.

O Oficial de Justiça entrará na residência e intimará o cônjuge demandado a sair do lar imediatamente, levando consigo os objetos de uso pessoal. Em seguida, o Oficial de Justiça efetivará a citação.

O importante no cumprimento dessa medida é que o ato seja formalizado através da saída do cônjuge réu do lar conjugal. Assim, caso esse cônjuge retorne à residência, caberá à parte, e não ao Oficial de Justiça, tomar as providências necessárias. A hipótese configura crime de desobediência, cabendo à autoridade policial cientificar-se do ocorrido. Entretanto, se o retorno se der incontinenti ao cumprimento do mandado, e caso dele tome conhecimento, deverá o Oficial de Justiça voltar ao local e cientificar-se.

Contudo, efetuada a medida e devolvido o mandado, nada poderá fazer o Oficial de Justiça, mesmo que informado sobre o retorno do réu ao lar conjugal. Caberá à parte comunicar ao juiz, ao promotor de Justiça ou à própria autoridade policial, mediante cópia de auto de separação de corpos, lavrado pelo Oficial de Justiça (modelo 4).

No cumprimento de mandado de afastamento de corpos não há proibição de que possa ser cumprido no período noturno, pois, o *periculum in mora* é evidente. Sendo assim, o dispositivo constitucional que disciplina a inviolabilidade da residência à noite não pode ser invocado por dois aspectos:

a) trata-se de uma medida cautelar deferida em virtude de perigo moral e físico da parte requerente;

b) a partir do momento que a parte requerente franqueia as portas da residência ao Oficial de Justiça não existe impedimento que este entre e cumpra o mandado, e qualquer ato de resistência por parte do(a) requerido(a) caracterizará ilícito penal.

Considero o mandado de afastamento de corpos o que mais risco sujeita o Oficial de Justiça.

É comum ler nas crônicas policiais casos em que o marido mata a mulher e se suicida. Geralmente, são homens transtornados e que sofrem algum tipo de distúrbio psicológico. Imaginem o que podem fazer contra o Oficial de Justiça ? No momento da diligência, o réu poderá transferir para o Oficial toda a sua raiva. Portanto, deve o Oficial de Justiça ter muita cautela.

9. Realização de despejo

É outro tipo de medida em que o Oficial de Justiça deverá ter cautela, eis que poderá haver resistência quando do cumprimento do mandado. Segundo o artigo 65 da Lei 8.245/91:

"Findo o prazo assinado para a desocupação, contado da data da notificação, será efetuado o despejo, se necessário com emprego de força, inclusive arrombamento.

§ 1º. Os móveis e utensílios serão entregues à guarda de depositário, se não os quiser retirar o despejado.

§ 2º. O despejo não poderá ser executado até o trigésimo dia ao do falecimento do cônjuge, ascendente, descendente ou irmão de qualquer das pessoas que habitem o imóvel".

O mandado de despejo será cumprido somente por Oficial de Justiça, vedada a execução da ordem por servidor de outro cargo. O mandado será cumprido com o fornecimento de todos os meios pela parte autora, sendo conveniente que o Oficial de Justiça solicite ao juiz a requisição de força pública. Além disso, é de bom alvitre que o mandado seja cumprido por mais de um Oficial, tendo em vista as dificuldades que possam ocorrer.

Segundo o § 2º do artigo 65, acima transcrito, o despejo não poderá ser executado até o trigésimo dia seguinte ao do falecimento do cônjuge, ascendente, descendente ou irmão de qualquer das pessoas que habitem o imóvel. Ocorre que o Oficial de Justiça, ao diligenciar no local para a efetivação da medida, normalmente não tem conhecimento dos acontecimentos da vida particular daqueles que habitam o prédio. Portanto, a simples alegação de alguém sobre falecimento de familiares não pode ser causa impeditiva do prosseguimento da diligência e a desocupação do prédio (modelo 3). Somente com a apresentação da certidão de registro do óbito é que Oficial de Justiça pode interromper e não efetuar o despejo. Nesse caso, é aconselhável que o servidor junte a certidão ou cópia dela com uma informação dirigida ao juiz, pois a ele cabe emitir qualquer juízo e tomar a decisão pertinente, sendo o Oficial de Justiça mero cumpridor do mandado de despejo.

Há casos em que o imóvel é abandonado após o ajuizamento da ação. Na hipótese, se já estiver de posse do mandado de despejo compulsório, o Oficial de Justiça poderá diligenciar no local indicado, acompanhado pelo autor da ação e imiti-lo na posse do imóvel, arrombando as portas e lavrando a certidão pertinente. Nesse caso, será conveniente a lavratura de auto de imissão de posse (modelo 10), eis que o mandado determina apenas o despejo. Assim sendo, o auto de imissão de posse lavrado pelo Oficial terá efeito, ficando o autor imitido na posse, à luz do artigo 66 da Lei do Inquilinato, ou seja: "Quando o imóvel for abandonado após ajuizada a ação, o locador poderá imitir-se na posse do imóvel".

10. Penhora de bens

Decorrido o prazo de 24 horas após sua citação, o devedor ficará passível de penhora de bens, caso não tenha pago ou nomeado bens à penhora. Assim, verificando em cartório que nenhuma dessas exigências foi cumprida, o Oficial de Justiça ficará com a incumbência de penhorar bens do devedor, caso o mandado os indique ou o próprio Oficial de Justiça deles tenha conhecimento. Diligenciará novamente o Oficial de Justiça nos endereços indicados no mandado, a fim de penhorar bens do devedor. Chegando aos locais indicados, o Oficial efetuará a penhora (modelos 7, 26 ou 27). Levará em conta valor da causa e uma estimativa aproximada do *quantum* total, caso não haja atualização do débito descrita no mandado. Não necessitará o Oficial de Justiça de novo despacho, nem responderá por penhora de bens baseados na indicação contida no mandado, caso sejam indicados bens que caracterizam excesso de penhora. Deve-se ressaltar que o Oficial é mero cumpridor do mandado e que deve observar e cumprir todas as determinações contidas no mesmo, não lhe cabendo fazer juízo acerca de seu conteúdo.

Entretanto, o Oficial de Justiça pode realizar penhora onde quer que se encontrem os bens, ainda que em repartição pública, mediante requisição do juiz ao chefe respectivo.

Em penhora realizada sobre bens de propriedade de sociedades privadas, não há necessidade de se fazer qualquer requisição ao gerente ou representante legal. Caso uma empresa seja devedora, não pagando a dívida nem nomeando bens à penhora, deverá o Oficial de Justiça proceder à penhora de bens que guarnecem o local, bens que estão visíveis aos olhos do Oficial. Pode, outrossim, efetivar buscas no interior do prédio. Nesse caso, não é necessária a presença do representante legal da empresa, eis que não dispõe a lei de forma diversa. Aliás, no que concerne à penhora de bens de empresas, caso o mandado não indique expressamente quais devam ser penhorados, fica, muitas vezes, o Oficial de Justiça, em sérias dificuldades. Isso ocorre, pois o serventuário não tem conhecimento do valor de determinadas máquinas, sem fazer uma prévia avaliação ou uma pesquisa sobre o tipo e preço aproximado. A avaliação não é atribuição do Oficial de Justiça, cabendo esta a perito compromissado. Além disso, muitas vezes o próprio representante legal da empresa indica à penhora determinados bens para que o Oficial de Justiça realize a penhora. O Oficial, a fim de não criar divergências, acaba por realizar a penhora sobre os bens indicados, vindo a beneficiar o devedor, penhorando bens que não cobrem o valor da dívida, havendo necessidade de uma futura ampliação da penhora. Esse procedimento é incorreto, e o Oficial de Justiça deve evitar que devedor interfira, pois ele não gozou da faculdade que a lei lhe conferiu, ou seja, a nomeação de bens no prazo legal ou o pagamento da dívida. A atitude correta é efetuar a penhora sobre bens que efetivamente possam garantir a dívida, atentando o Oficial de Justiça sobre os bens que guarnecem a empresa e que tenham mais possibilidade de alienação judicial eficaz. Entretanto, é mister enfatizar que o Oficial de Justiça tem plena autonomia de realizar penhora sobre bens que achar necessários, pois a lei não dispõe de modo diverso.

Na descrição de bem imóvel penhorado, deve o Oficial de Justiça indicar-lhes as transcrições aquisitivas, situá-los e mencionar as divisas e confrontações, cujos dados deverá o Escrivão fazer acompanhar no mandado, ou com cópia de certidão do registro anexa.

10.1. RESISTÊNCIA À PENHORA

Havendo resistência (modelo 1), o Oficial de Justiça deverá informar por escrito ao magistrado (juiz ou pretor), solicitando-lhe ordem de arrombamento. Portanto, se o devedor obstar a realização de penhora, o Oficial de Justiça não pode realizá-la à força sem autorização superior competente, do juiz ou do pretor, conforme o caso. Assim, após o deferimento do pedido, dois Oficiais de Justiça cumprirão o mandado, arrombando as portas e móveis a fim de penhorar bens do devedor. Segundo a lei, duas testemunhas deverão presenciar a diligência, assinando o auto respectivo. Apesar disso, nada obsta que a diligência seja acompanhada por apenas uma testemunha, não podendo o ato ser considerado ineficaz, nem mesmo se for realizado por apenas um Oficial de Justiça. Contudo, quando a diligência é realizada de acordo com a lei, com dois Oficiais de Justiça e duas testemunhas, a certidão terá maior valor probante e resguardará o servidor de acusações indevidas da parte devedora, que muitas vezes presente quando o Oficial de Justiça tem necessidade de usar força e proceder prisões.

Pelo artigo 662 do CPC, a lei faculta ao juiz a requisição de força policial a fim de auxiliar os Oficiais de Justiça na penhora dos bens: "Sempre que necessário, o juiz requisitará força policial, a fim de auxiliar os Oficiais de Justiça na penhora dos bens e na prisão de quem resistir à ordem".

Quando o Oficial de Justiça tiver dúvida sobre o procedimento do devedor e até mesmo sobre sua conduta em franquear portas da empresa ou residência, poderá o Oficial solicitar por escrito e, fundamentadamente, ao juiz a requisição de força pública. Isso ocorre, muitas vezes, quando o Oficial de Justiça é mal recebido pelo devedor. É evidente que se o devedor praticou, na ocasião da citação, algum ato que prejudicou o bom andamento do serviço da justiça, é de se esperar que esse devedor cause outras obstruções à realização da penhora. É prudente que o Oficial de Justiça solicite antecipadamente a requisição de força pública para o eficaz cumprimento do mandado e a conseqüente satisfação do crédito do exeqüente.

10.2. MANDADO DE RECOLHIMENTO E DEPÓSITO DE BENS

Efetuada a penhora, é mister sejam os bens depositados sob a guarda e conservação de alguém, que pode ou não ser o devedor.

Segundo a jurisprudência dominante, não há penhora enquanto não se deposita o bem. Portanto, o auto de penhora (mod. 07, p.127) deve conter a indicação do depositário.

Segundo o artigo 666 do CPC vigente:

"Se o credor não concordar em que fique como depositário o devedor, depositar-se-ão:
I - no Banco do Brasil, na Caixa Econômica Federal, ou em um banco, de que o Estado-Membro da União possua mais de metade do capital social integralizado; ou, em falta de tais estabelecimentos de crédito, ou agências suas no lugar, em qualquer estabelecimento de crédito, designado pelo Juiz, as quantias em dinheiro, as pedras e os metais preciosos, bem como os papéis de crédito;
II - em poder do depositário judicial, os móveis e imóveis urbanos;
III - em mãos de depositário particular, os demais bens..."

Assim, os bens serão depositados, em regra, em mãos do devedor, que assinará o auto de penhora.

Segundo jurisprudência dominante, não há penhora se do auto não conste a assinatura do depositário dos bens. Todavia, muitas vezes o devedor não aceita o encargo de depositário e não assina o compromisso no auto de penhora. Nesse caso, pode ocorrer também que o devedor ignore completamente o Oficial de Justiça e obste a penhora. Caso ele não aceite o encargo de depositário, é necessário que o bem seja recolhido e depositado sob a responsabilidade de outra pessoa, a qual pode ser até mesmo o próprio credor ou alguém por ele indicado. Nada obsta que o próprio procurador do autor fique como depositário, sendo facultada à parte autora a melhor escolha, não havendo necessidade de se prestar qualquer caução. Do ponto de vista prático, caso o devedor se negue a aceitar o encargo, pode o Oficial de Justiça recolher imediatamente o bem, depositando-o em mãos de depositário judicial. Nesse caso, deverá ser lavrada pelo Oficial de Justiça certidão circunstanciada e fundamentada. É aconselhável, por outro lado, que o Oficial de Justiça entre em contato com o procurador do autor, imediatamente, ao efetuar o depósito dos bens em mãos de terceiros, seja depositário judicial, seja concessionária, no caso de penhora de automóvel.

Para prevenir qualquer dificuldade no depósito de bens penhorados, é conveniente que o procurador do autor, na própria petição inicial ou em outra à parte, mencione e indique depositário. Certamente que esse procedimento tomado pelo procurador do autor não só facilitará o trabalho do Oficial de Justiça, como agilizará o depósito, tornando a penhora eficaz e evitando possível deterioração do bem.

Existirão casos em que a pessoa jurídica, na pessoa de seu representante legal, se negará a aceitar o depósito de bens. O procedimento que deverá ser adotado pelo Oficial de Justiça é idêntico ao da pessoa física, eis que o depositário não é propriamente a pessoa jurídica, e sim, a pessoa física de seu respectivo representante legal. Entretanto, a concessionária de serviço telefônico não pode se negar a ser depositária do direito ao uso da linha telefônica, no caso de penhora. Nesse caso, mesmo que o representante da concessionária se negue a assinar o auto, não aceitando o encargo, o depósito terá plena validade, e o Oficial de Justiça portará fé em certidão circunstanciada, além de mencionar no auto de penhora a recusa da concessionária. No caso de recusa, é sempre aconselhável que o Oficial de Justiça reúna duas testemunhas que assistirão ao ato e assinarão o respectivo auto.

10.3. MANDADO DE REFORÇO DE PENHORA

É muito comum que a penhora efetivada não baste para garantir o crédito do credor, caso em que seu procurador requererá a ampliação da penhora. O Oficial de Justiça, de posse do mandado de penhora, diligenciará no endereço indicado, efetuando a penhora sobre os bens indicados ou encontrados no local ou em qualquer outro, desde que sejam de propriedade do devedor. Todos os bens que guarnecem o local onde está residindo ou estabelecido o devedor presumem-se de sua propriedade, devendo o Oficial realizar a penhora. Com freqüência, o Oficial de Justiça, ao cumprir mandado de penhora ou de reforço de penhora, é informado pelo devedor de que os bens encontrados não são de sua propriedade. Como já foi frisado, o Oficial de Justiça é apenas o cumpridor do mandado, não cabendo ao servidor emitir qualquer juízo acerca da propriedade dos bens, realizando a penhora sobre os que encontrar, salvo se o devedor ou terceiros apresentarem documento que comprove tal propriedade. Entretanto, mesmo nesse caso, deve o Oficial de Justiça relatar essa circunstância na certidão pertinente, relacionando os bens encontrados. É o que recomenda o Ofício-Circular nº 17/93, publicado no Boletim Informativo mensal da Corregedoria-Geral de Justiça do Estado do RS (1993). Reforço ou ampliação de penhora ocorre por alguma falha no sistema, geralmente em virtude da não-atualização do débito, que deveria ter sido calculada antecipadamente. Além disso, os trâmites legais e o sistema do Poder Judiciário deixam a desejar: o Oficial de Justiça não tem conhecimento do valor total do débito. No que concerne à avaliação, é imprescindível ressaltar que o avaliador compromissado ou avaliador designado percebe custas, calculadas sobre valor da avaliação que realizar.

10.4. O MANDADO EXECUTIVO E A ELABORAÇÃO DO CÁLCULO

É na realização dos atos executivos que o Oficial de Justiça reúne atividades mais diversas e difíceis. A penhora de bens é uma delas e exige que o Oficial tenha conhecimento sobre matéria processual, mesmo que o mandado indique o bem a ser gravado, uma vez que a matéria recebeu modificações nos últimos tempos, seja em razão da jurisprudência, seja pela promulgação da Lei nº 8.009, de 29 de março de 1990, que dispõe sobre a impenhorabilidade do bem de família.

Inicialmente, o Oficial de Justiça terá a incumbência de efetuar a citação do devedor. Para tanto, deverá realizar todas as diligências para sua localização. Geralmente o mandado descreverá o local onde pode ser encontrado o devedor, nada obstando que o Oficial de Justiça efetue a citação em local diverso do contido no mandado. Consoante o artigo 652 do CPC vigente: "O devedor será citado para, no prazo de vinte e quatro (24) horas, pagar ou nomear bens à penhora".

O mandado de citação, além de conter dados para a localização do devedor e os demais requisitos legais, deve conter também o cálculo. Entretanto, o cálculo não vem sendo indicado nos mandados executivos na maioria das comarcas do Estado do Rio Grande do Sul, principalmente naquelas em que a movimentação de processos é expressiva. A não-indicação do cálculo, com o valor a ser pago, prejudica e atrasa o pagamento e o próprio trabalho do Oficial de Justiça. A lei expressa que o devedor deverá pagar o débito no prazo de vinte e quatro horas, embora muitas vezes o devedor não possa efetuar o pagamento dentro desse prazo, eis que o cálculo nem sempre fica pronto em 24 horas.

Segundo o artigo 659 do Código de Processo Civil vigente:

"Se o devedor não pagar, nem fizer nomeação válida, o Oficial de Justiça penhorar-lhe-á tantos bens quantos bastem para o pagamento do principal, juros, custas e honorários advocatícios".

Do ponto de vista prático, conforme foi dito anteriormente, o Oficial fica prejudicado se no mandado não constar o montante total a ser pago. Quando citado, o devedor poderá querer pagar e, para isso, deverá pedir que seja calculado o valor do débito. Caso o fórum não efetue de imediato o cálculo, até por razões de acúmulo de serviço, o executado, em geral, leigo em assuntos de processualística, mesmo não pagando dentro de 24 horas, ficará tranqüilo, pois acredita que procedeu corretamente e de acordo com a lei. Ocorre que, após decorrer o prazo estabelecido em lei, o Oficial de Justiça poderá efetuar a penhora se verificar em cartório que não houve pagamento ou nomeação de bem à penhora, independente de ter ou não sido solicitado o cálculo. Então, de posse do mandado de citação e penhora, retornará o Oficial de Justiça até o local onde é encontrado o devedor ou onde saiba existirem bens de sua propriedade, independentemente de novo despacho. O devedor possivelmente tentará obstar a penhora do Oficial de Justiça, alegando que tomou as providências e pediu que fosse efetuada a conta. O fato exemplificado ocorre constantemente em comarcas maiores, fazendo com que o Oficial de Justiça enfrente dificuldades para a realização do ato executivo. Nesses casos, entendemos que ato mais correto a ser tomado pelo Oficial de Justiça é efetuar a penhora, após fluir o prazo de vinte e quatro horas, depois da citação, esteja ou não calculado o débito. Assim, a penhora poderá ser efetuada pelo valor da causa, ficando a critério do Oficial de Justiça a escolha dos bens a serem penhorados. Em tese, o servidor não será responsabilizado por excesso de penhora, ou pela realização da constrição de bens insuficientes para garantir a totalidade da dívida. Sendo obstado, deverá o Oficial tomar as providências cabíveis, solicitando ao juiz ordem de arrombamento e de uso da força pública, se necessário.

10.5. MANDADO COM MAIS DE UM EXECUTADO

Caso figure no mandado de execução mais de um executado, o processo não pode prosseguir enquanto todos não forem citados ou intimados para os embargos, no caso de realização de penhora, pois a cada um dos executados deverá ser dada oportunidade de embargar a execução ou de pagar, consoante jurisprudência dominante. Além disso, o prazo de vinte e quatro horas somente tem início após a citação do devedor, não podendo ser realizada penhora antes de decorrido esse prazo. No caso de haver mais de um executado no mesmo mandado, nada impede que o Oficial de Justiça efetue a citação de um dos devedores, com a realização de penhora de bens deste e arresto (mod. 15, p. 131) de bens daquele que não foi encontrado. Todavia, caso o Oficial de Justiça cite um dos devedores é conveniente que realize todas as diligências possíveis para a localização do outro, mesmo que já tenha decorrido o prazo de vinte e quatro horas, para só então realizar a penhora.

Nas comarcas onde existe central de mandados e o conseqüente zoneamento, geralmente os mandados executivos são expedidos individualmente para cada parte, caso seus endereços estiverem situados em zonas diferentes. Essas são divididas segundo critérios que não nos cabe analisar. O importante é que o devedor seja citado oficialmente, não havendo obrigação do Oficial de Justiça em penhorar seus bens, caso não sejam indicados no mandado ou não estejam situados no endereço mencionado no mandado executivo.

O prazo de 24 horas é contado minuto a minuto e, sendo vários os executados, passará a fluir somente após a citação do último.

10.6. PENHORA DE ACORDO COM A LEI Nº 8.009, DE 29 DE MARÇO DE 1990

Dispõe essa lei sobre a impenhorabilidade de bem de família, que compreende o imóvel residencial e os bens que o guarnecem. Segundo a lei, excluem-se os veículos de transporte, obras de arte e adornos suntuosos.

A Lei nº 8.009/90 é ainda desconhecida por muitas pessoas leigas em assuntos jurídicos.

O legislador procura resguardar os bens de família da constrição judicial, incluindo a própria residência e os bens que a guarnecem.

Não obstante existe discussão jurisprudencial sobre o assunto, pois alguns magistrados entendem que é procedente a penhora sobre os bens supérfluos ou suntuosos. Essa lei tem dado margem a muitas discussões nos tribunais de todo país. Até que ponto um bem é considerado indispensável para o bom convívio familiar?

Do ponto de vista prático, os Oficiais de Justiça do Estado do Rio Grande do Sul possuem a incumbência de relacionar os bens encontrados no interior da residência, circunstanciando os fatos na certidão acostada ao mandado executivo.

Segundo ofício-circular nº 66/92-CGJ (Corregedoria-Geral da Justiça/RS), publicado no Boletim Informativo Mensal (1992):

"Para evitar delongas na tramitação dos processos de execução, recomendo a Vossa Senhoria que, ao proceder à penhora: a) ofereça estimativa do valor ao bem penhorado; b) certifique, cumpridamente, as circunstâncias que conduzem à evidência de impenhorabilidade, arrolando os bens que encontrou".

A descrição dos bens encontrados na residência ficará documentada, a fim de que chegue ao conhecimento do credor e do magistrado.

Existem advogados que, apesar de desconhecerem bens possíveis de penhora do devedor, indicam aqueles que a maioria das pessoas de classe média possuem, tais como televisão, videocassete, aparelho de som. Essa indicação, na maioria das vezes, consta no rosto do mandado.

Apesar de ser a Lei 8.009/90 recente, a jurisprudência é farta em relação ao assunto. Assim, penhora sobre bens residenciais tem sido alvo de recursos. O entendimento é diverso para alguns juristas, sendo que bens considerados supérfluos têm sido penhorados em ações executivas, apesar de a lei ser cristalina, vedando a penhora sobre os bens que guarnecem a residência do devedor, *verbis*:

> "parágrafo único. A impenhorabilidade compreende o imóvel sobre o qual se assentam a construção, as plantações, as benfeitorias de qualquer natureza e todos os equipamentos, inclusive os de uso profissional, ou móveis que guarnecem a casa, desde que quitados".

Ficou acordado na Segunda Câmara Cível do Tribunal de Justiça do Estado do Rio Grande do Sul, em 18 de dezembro de 1991, cujo relator foi o Des. Alcindo Gomes Bittencourt:

> "Insubsistência da penhora que recaiu sobre os bens imóveis que guarnecem a casa (eletrodomésticos). O objetivo da lei não foi apenas o de resguardar o mínimo indispensável à sobrevivência, mas o de

pôr a salvo da penhora todos os bens móveis da residência, exceto obras de arte e adornos suntuosos".

Por outro lado, em outra sessão na Segunda Câmara Cível do mesmo tribunal, em 12 de agosto de 1992, cujo relator foi o Des. Talai Djalma Selistre, foi acordado: cabimento de penhora, em executivo fiscal, de bens particulares supérfluos ou em duplicidade de sócio.

Ficou decidido na Primeira Câmara Cível do Tribunal de Alçada do Estado do Rio Grande do Sul, em 30 de março de 1993, cujo relator foi o Juiz Juracy Vilela de Sousa:

> "Impenhorabilidade. Lei nº 8.009/90 - A impenhorabilidade é absoluta, de ordem pública, podendo ser comprovada a qualquer tempo. O fato de ser bem exclusivo de um dos cônjuges não descaracteriza a impenhorabilidade, se no imóvel reside o devedor com a esposa e filhos. Interessa é a destinação do imóvel como residência própria do devedor e de sua família. Apelação parcialmente provida para desconstituir a penhora" (Julgados TARGS nº 86, p. 363).

Os adornos suntuosos serão passíveis de penhora. Como exemplo, podemos citar filmadoras, máquinas fotográficas, computadores, aparelhos de som sofisticados, enfim, aparelhos eletrônicos e eletrodomésticos destinados ao deleite, manifestamente supérfluos. Um piano de calda foi considerado bem penhorável (RTJRGS 158/182). Já o televisor não é passível de penhora, pois é considerado objeto útil e não-suntuoso, desde que seja o único da espécie destinado à família. A propósito, já decidiu assim o Superior Tribunal de Justiça que o televisor está afastado da abrangência do art 2º da Lei nº 8.009/90, porque não é adorno, mas objeto útil e não-suntuoso (4ª Turma do STJ, Recurso Especial nº 81.538[95.0064095-3], em 22 de abril de 1996).

Por outro lado, o boxe de estacionamento, quando individualizado como unidade autônoma no Registro de Imóveis, não é acessório da moradia para os efeitos do art. 1º da Lei nº 8.009/90, sujeitando-se à penhora (2ª Turma do STJ, Recurso Especial nº 32.284[93.4167-3], em 23 de maio de 1996).

Causa perplexidade a determinação para a realização de penhora sobre bens que guarnecem a residência do devedor e que, por força da lei e decorrente de dominante jurisprudência, não são considerados supérfluos, tais como televisor, por exemplo, que é considerado pela jurisprudência dominante como bem indispensável ao mínimo de lazer da família.

Convém ressaltar que, nas ações de cobrança de aluguéis, inclusive contra os fiadores, e nas ações de alimentos, não vale invocar a Lei 8.009/90. Nestes casos, todos os bens que guarnecem a residência do executado são penhoráveis, tais como geladeira, fogão, etc. Nas demais espécies de ações, a penhora de bens não-suntuosos, ou seja, aqueles não supérfluos, obrigará o devedor a embargar a execução, causando gastos a ele desnecessários e ferindo o princípio da economia processual.

Como deve proceder o Oficial de Justiça? Certificará, arrolando os bens encontrados para a apreciação do Juiz, penhorando aqueles considerados supérfluos, tais como computador, câmaras de vídeo, jóias, etc. Contudo, tendo encontrado *duas ou mais* televisões, deve penhorar uma.

11. *Efetivação do arresto em processo de execução*

O arresto de bens do devedor é realizado pelo Oficial de Justiça quando o devedor não é localizado ou se oculta para evitar a citação.

O arresto nada mais é do que uma apreensão de bens do devedor, como garantia do crédito do exeqüente, tal qual a penhora. A diferença está baseada no fato de que na penhora existe a citação do devedor, enquanto no arresto ela não existe. Segundo o artigo 653 do CPC vigente, " O Oficial de Justiça, não encontrando o devedor, arrrestar-lhe-á tantos bens quantos bastem para garantir a execução".

Logo, o Oficial de Justiça que não localizar o devedor deverá arrestar-lhe bens (modelo 15), se tiver conhecimento da existência deles. Esse *conhecimento da existência* de bens decorre da indicação deles pelo procurador do credor ou de sua presença nos endereços descritos no mandado. Não tem o Oficial de Justiça, portanto, o dever de arrestar bens indicados ou mencionados verbalmente pelo credor ou por seu procurador. Cabe ao Oficial de Justiça arrestar os bens que estão situados nos endereços descritos no mandado, nada impedindo que o servidor arreste bens localizados em qualquer outro lugar, desde que na respectiva comarca. Todavia, o Oficial de Justiça deve mencionar, em certidão circunstanciada, todas as diligências efetuadas com seus pormenores, inclusive as buscas e investigações que houver empreendido para encontrar o devedor.

O espírito do artigo 653 do CPC traduz claramente que o arresto será efetivado se o devedor se ocultar ou se ausentar furtivamente para evitar a citação. Tal presunção é decorrente do parágrafo único desse artigo, que determina: "Nos dez (10) dias seguintes à efetivação do arresto, o Oficial de Justiça procurará o devedor três (3) vezes em dias distintos; não o encontrando, certificará o ocorrido".

Entretanto, equivocou-se o legislador na elaboração do parágrafo único, bem como do próprio artigo 653, pois, caso o devedor esteja em lugar incerto e não sabido ou esteja viajando, poderá o Oficial de Justiça arrestar-lhe bens de cuja existência tenha conhecimento, ficando, então, prejudicado esse parágrafo. A conclusão é lógica, pois as três investidas do Oficial de Justiça são desnecessárias, uma vez que o devedor não mais é encontrado no local indicado. Deve assim mencionar o Oficial em certidão circunstanciada.

O Oficial que arrestar bens do devedor deve procurá-lo nos dez dias seguintes à efetivação, em três vezes em dias distintos, permanecendo com o mandado de citação e penhora em mãos. E se em algumas destas investidas o Oficial de Justiça encontrar o devedor? Deverá intimá-lo do arresto realizado ou citá-lo para pagamento? Realmente é uma situação no mínimo curiosa. Neste caso, entendemos que a melhor solução é a de citar o devedor, tal qual determinação do mandado. É que a lei processual civil concede ao devedor a faculdade de nomear bens de sua escolha à penhora no prazo de vinte e quatro horas, conforme se depreende do art. 652 do CPC. Por derradeiro, o executado não pode ser tolhido deste benefício, qual seja, o de pagar a dívida ou de nomear bens no prazo legal. Estes bens serão nomeados por petição nos autos, através de advogado. Além disso, conforme reza no art. 654 do mesmo diploma legal, compete ao credor providenciar a citação por edital do devedor no caso de arresto realizado. Findo o prazo estipulado no edital, terá ainda o devedor prazo de vinte e quatro horas para pagar a dívida. Não atendendo a citação editalícia, decorrendo o prazo de vinte e quatro horas após o seu término, converte-se o arresto em penhora em caso de não-pagamento. Portanto, se ao devedor é concedido por lei o prazo legal para pagar a dívida após a citação por edital, é justo que tenha ele, no caso de arresto, ainda o prazo de vinte e quatro horas tanto para pagar, como para nomear bens. Como deve proceder o Oficial de Justiça? Ora, caso já tenha realizado o arresto e consiga localizar o devedor dentro do prazo de dez dias, deve citá-lo e devolver a cartório (ou na central de mandados onde houver), juntamente com o auto de arresto e com certidão circunstanciando todo o ocorrido. Neste caso, decorrendo o prazo de vinte e quatro horas e não havendo o pagamento da dívida ou nomeação de bens à penhora, o arresto realizado converter-se-á em penhora, caso em que será lavrado termo de penhora pelo escrivão do feito. Este providenciará a intimação do executado para o depósito do bem e oferecimento de embargos.

O Oficial de Justiça não tem o dever legal de arrestar bens indicados verbalmente pelo credor. Eventual indicação de bens ao arresto deve-se realizar por petição do advogado ao Juiz do feito.

Entretanto, o arresto é atribuição do Oficial de Justiça, e nada o impedirá de que realize arresto sobre os bens indicados verbalmente pelo credor, pelo seu advogado, ou aqueles localizados.

12. Citação cível

De acordo com o artigo 213 do CPC, a "citação é o ato pelo qual se chama a juízo o réu ou o interessado, a fim de se defender".

De regra, a citação cível, consoante a Lei 8.710, de 24.9.93, é feita pelo correio. Excetuam-se os seguintes casos: nas ações de estado, quando for ré pessoa incapaz, quando for ré pessoa de direito público, nos processos de execução, quando o réu residir em local não atendido por entrega domiciliar de correspondência e quando o autor a requerer de outra forma.

Nessas hipóteses, a citação será cumprida através de mandado. O Oficial de Justiça encarregado de executá-la deve observar as formalidades legais (modelo 18), atentando ao que reza o artigo 226, incisos I, II, III, do CPC, sob pena de nulidade do ato. Caso tal ocorra, caberá à parte interessada requerer a nulidade de citação. Entretanto, o simples fato de o serventuário não mencionar na certidão que leu o mandado ou que a pessoa recebeu contrafé, não deve ser motivo relevante para nulidade de citação, pois o Oficial de Justiça poderá suprir esse lapso em outra certidão. Na verdade, para que uma citação seja efetivamente anulada deve haver um motivo relevante, ou seja, um vício grave, notoriamente comprovado.

De acordo com o artigo 226 do CPC, o Oficial de Justiça tem o dever de procurar o réu e citá-lo onde quer que ele se encontre, com ressalva ao artigo 217 do mesmo diploma legal, conforme nova redação dada pela Lei nº 8.952, de 13 de dezembro de 1994, ou seja, *verbis*:

"Não se fará, porém, a citação, salvo para evitar o perecimento do direito:

I - a quem estiver assistindo a qualquer ato de culto religioso;

II - ao cônjuge ou a qualquer parente do morto, consangüíneo ou afim, em linha reta, ou na linha colateral em segundo grau, no dia do falecimento e nos 7 (sete) dias seguintes;

III - aos noivos, nos 3 (três) primeiros dias de bodas;

IV - aos doentes, enquanto grave o seu estado".

Não se fará a citação também quando o Oficial de Justiça verificar que o réu é demente ou está impossibilitado de receber a citação, consoante o artigo 218, §§ 1º, 2º, 3º, do CPC. Nesse caso, caberá ao Oficial de Justiça circunstanciar a ocorrência na certidão, fundamentando a não-realização da citação. Caberá ao Juiz decidir sobre realização ou não da citação na própria pessoa do réu, baseando-se em laudo pericial realizado por médico devidamente compromissado nos autos. Aliás, é dominante na jurisprudência o entendimento de que será declarada a nulidade do processo desde a citação, caso seja efetivamente comprovada a incapacidade da parte de recebê-la por doença mental ou outra razão. Anulada, a citação não produz os efeitos do artigo 219 do CPC: "A citação válida torna provento o juízo, induz litispendência e faz litigiosa a coisa; e, ainda quando ordenada por juiz incompetente, constitui em mora o devedor e interrompe a prescrição".

Convém salientar que a citação feita em pessoa que não é parte no processo não interrompe a prescrição nem impede a consumação de decadência (Revista Forense, 1988).

Quanto à realização da citação no lugar onde se encontrar o réu, é conveniente enfatizar que o Oficial de Justiça pode efetuar a citação do réu em qualquer lugar, até mesmo nos casos previstos como impeditivos pelo art. 217 do CPC, antes mencionado, desde que seja realizada para evitar o perecimento do direito, que pode resultar em prejuízo sério para a parte requerente. Dessa forma, se a citação não fosse realizada nas circunstâncias mencionadas, o dano seria irreparável. Entretanto, ficará a critério do Oficial de Justiça a realização ou não da citação, cabendo-lhe certificar circunstanciada e detalhadamente os fatos ocorridos, deixando à apreciação superior a decisão a respeito.

A lei processual vigente menciona que o Oficial de Justiça efetuará a citação em qualquer lugar em que se encontre o réu, ressalvado o disposto no artigo 217 (já mencionado).

Quer dizer que o Oficial de Justiça pode efetuar a citação na residência, no local de trabalho do réu, enfim, em qualquer lugar onde for o mesmo localizado, até mesmo em plena rua. Ocorre, muitas vezes, que o réu, ao deparar-se com o Oficial de Justiça, fora do local de trabalho ou de sua residência, não aceita ser citado, alegando que aquele local (por exemplo, um parque de esporte ou de lazer) não é apropriado. Entretanto, o Oficial de Justiça, de posse do mandado de citação, deverá efetuá-la mesmo que contrariado, certificando caso o réu não queira assinar ou receber a contrafé. Assim, ao contrário de que muitos advogados alegam, a citação terá plena validade, mesmo que na certidão não seja mencionada a existência de testemunhas que presenciaram a não-aceitação da contrafé ou a negação de assinar por parte do réu. É evidente que se pudesse dispor de testemunhas nestes casos, o Oficial de Justiça teria maior firmeza em certificar. Entretanto, mesmo que existam pessoas nas proximidades do local da diligência, muitas delas se negam a servir de testemunha, temendo envolvimento com a Justiça. Por outro lado, dificilmente familiares, amigos ou colegas de serviço do réu serviriam como testemunha, pois estariam "contra ele". Assim, a presunção de veracidade dos fatos mencionados na certidão do serventuário deve prevalecer até que se prove o contrário.

O fato de não haver testemunha é irrelevante. É que uma lei não é omissa nem contém palavras inúteis. Com efeito, o art. 226 do CPC não menciona deva haver testemunhas presenciais, bastando apenas que o Oficial: leia o mandado, entregue contrafé, porte fé na certidão se o réu recebeu ou recusou a contrafé e, finalmente, certifique que o réu exarou sua nota de ciente ou se não a apôs no mandado, ou seja, se assinou o não.

Realmente, a citação efetuada por Oficial de Justiça deixa margem para muitas discussões nos tribunais, gerando algumas decisões extravagantes. Pelo menos, a presunção de que o réu se ocultou para evitar a citação deve ser respeitada quando alegada pelo Oficial de Justiça. O caso que vem gerando muitas discussões é a citação com hora certa.

12.1. CITAÇÃO COM HORA CERTA

De acordo com o artigo 227 do CPC:

"Quando, por três vezes, o Oficial de Justiça houver procurado o réu em seu domicílio ou residência, sem o encontrar, deverá, havendo suspeita de ocultação, intimar a qualquer pessoa da família, ou em sua falta a qualquer vizinho, que, no dia imediato, voltará, a fim de efetuar a citação, na hora em que designar".

A citação com hora certa é a citação que gera maior polêmica na atividade forense. Por um lado, o Oficial de Justiça efetua a citação de um réu que se ocultou; de outro lado, o próprio réu, através de seu procurador, ignora, muitas vezes, a citação, com conseqüente perda de prazo. Na realidade, essa presunção do Oficial de Justiça sobre a ocultação do réu é definida claramente na lei processual vigente. Assim, a presunção de serem verdadeiras as afirmações desse serventuário deve ser mantida, até prova em contrário. Todavia, essa espécie de citação deve ser realizada com observância total da lei, devendo ser minuciosamente circunstanciada (modelo 23), sob pena de se tornar ineficaz. Não há muito a discutir quanto à suspeita de ocultação do réu por parte do Oficial de Justiça, eis que a própria lei consagra tal princípio e não exije que ele tenha certeza da ocultação. De acordo com a jurisprudência, nas citações por hora certa, o Oficial de Justiça deve certificar os dias e horários em que o réu foi procurado, descrevendo com minúcias todos os fatos e circunstâncias que despertaram a suspeita de ocultação, fazendo a citação, de preferência, em pessoas da família. A citação com hora certa é nula se o Oficial de Justiça não esclarecer na certidão os horários em que procurou o citando, pois, "se as diligências foram praticadas nas horas em que este se encontrava trabalhando, seria injustificável a suspeita de ocultação" (89/351) e, no mesmo sentido, JTA 97/238). Entretanto, o fato de o réu trabalhar durante o dia não afasta de todo a possibilidade de ocultação, pois, atualmente o Oficial de Justiça utiliza avisos padronizados impressos pelo Poder Judiciário, pelos quais comunica à pessoa que compareceu no endereço fornecido no mandado, em cumprimento à ordem judicial e que retornará no dia e horário mencionados no aviso pelo Oficial. No mesmo aviso-modelo, o Oficial de Justiça informará que está à sua disposição no fórum, em dia e horário designados. Assim, caso o Oficial de Justiça, depois de comparecer à residência ou local de trabalho do citando e deixar um aviso e constatar que ele não compareceu, poderá, juntamente com outros indícios, fundamentar suas suspeitas de ocultação. Deve circunstanciar as diligências na certidão (modelo 23) e fundamentar a suspeita de ocultação do réu. Contudo, deve procurar o réu por três vezes e, na última, intimar qualquer familiar ou vizinho que, no dia imediato, retornará àquele local para efetivar a citação. É nula a citação com hora certa se o Oficial de Justiça, após procurar o réu por três vezes em dias diferentes, não efetuar a citação no dia imediato à terceira investida, isto é, no primeiro dia útil imediato, a menos que tivesse autorização judicial para realizá-la em domingo ou feriado. Portanto, se o serventuário procurar o réu duas vezes e a terceira vez cair numa sexta-feira, deve intimar a pessoa da família ou qualquer vizinho que retornará no primeiro dia útil, ou seja, na segunda-feira, caso esse dia seja de expediente forense. A hora de comparecimento fica a critério do Oficial de Justiça, pois ele é o detentor do mandado.

Segundo o artigo 228 do CPC:

"No dia e hora designados, o Oficial de Justiça, independentemente de novo despacho, comparecerá ao domicílio ou residência do citando, a fim de realizar a diligência.

§ 1º. Se o citando não estiver presente, o Oficial de Justiça procurará informar-se das razões da ausência, dando por feita a citação, ainda que o citando se tenha ocultado em outra comarca.

§ 2º. Da certidão de ocorrência, o Oficial de Justiça deixará contrafé com pessoa da família ou com qualquer vizinho, conforme o caso, declarando-lhe o nome".

Existem casos em que nem o familiar, nem o vizinho aceitam a contrafé deixada pelo Oficial de Justiça, tampouco assinam.

Nesse caso, deve o Oficial de Justiça mencionar o ocorrido na certidão. É aconselhável que no dia de efetuar a diligência final, ou seja, no dia de seu comparecimento à residência do citando, seja o Oficial de Justiça acompanhado por outro colega e por uma pessoa que sirva de testemunha. Assim, a certidão de citação com hora certa terá maior valor probante. Entretanto, a lei não determina que a diligência seja realizada por mais de um Oficial de Justiça, tendo plena validade a citação com hora certa realizada por um só, sem testemunhas. Para isso, basta que o serventuário realize a diligência consoante a lei.

A citação com hora certa constitui uma modalidade da citação comum e decorre simplesmente em razão da ocultação ou suspeita de ocultação do citando.

É a citação que o Oficial de Justiça realiza de forma ficta, independente de ordem judicial ou requerimento da parte. Pode ser usada também em cumprimento de carta precatória ou rogatória.

Segundo João Roberto Parizatto (1992):

> "Torna-se um caso obrigatório a procura, pelo Oficial de Justiça, do citando, por três vezes distintas em seu domicílio ou residência, sem contudo encontrá-lo para que então, se possa falar em suspeita de ocultação por parte do citando."

O Oficial de Justiça pode procurar o citando por três vezes no mesmo dia ou em dias distintos, já que a lei não faz qualquer distinção sobre o momento da procura do citando, limitando-se a falar que deve ser procurado por três vezes. Somente após cumprida essa exigência, havendo suspeita de ocultação do citando, é que o Oficial de Justiça poderá dar início à citação com hora certa.

Segundo os ensinamentos de Hélio Tornaghi (1975, p. 183), "deve o Oficial agir com prudência. A lei quer que o citando seja realmente avisado pelo familiar ou pelo vizinho; não se trata apenas de cumprir uma formalidade".

Cândido Mendes de Almeida, nas anotações ao Código Filipino, segundo informa Parizatto (1992): "se a citação é feita à mulher inimiga do marido, ou a vizinho também adverso, não vale".

Pontes de Miranda, (1974, p.884) ensina que "A citação com hora certa, *insinuatio ad domum*, supõe suspeita de ocultação".

12.2. CITAÇÃO EM REPARTIÇÃO PÚBLICA

A proibição legal de se citar alguém na repartição em que trabalha exclui o citar-se antes de entrar, ou ao sair, ou, nos intervalos do serviço, em lugar fora do edifício da repartição.

Assim, o Oficial de Justiça poderá efetuar a citação, sendo a proibição adstrita ao prédio da repartição pública onde o réu exerça seu trabalho. Nada obsta, portanto, que o Oficial de Justiça realize a citação quando o funcionário sair do local de seu trabalho, ou quando o mesmo estiver prestes a entrar no prédio. Nesse caso, poderá a citação ser efetuada sem qualquer nulidade ou prejuízo ao réu, porquanto respeitado seu local de trabalho.

Segundo João Roberto Parizatto (1992), a proibição de citação de funcionário público limita-se apenas à repartição em que este exercer seu trabalho. Trata-se de uma citação de servidor público onde este for o réu, ou seja, sua pessoa física. Muitas vezes trata a citação de assunto absolutamente particular do funcionário e que, se procurado no local de trabalho, poderá ter aborrecimentos e conseqüências no que concerne a sua vida funcional. A proibição também visa a impedir que funcionário público tenha de parar suas obrigações para atender o Oficial de Justiça.

Entretanto, através da Lei nº 8.952, de 13 de dezembro de 1994, foi revogado o inciso primeiro do artigo 217 do CPC. Não é mais vedada a citação do funcionário público na repartição em que trabalhar, podendo livremente ser citado na repartição pública. Foi afastada a discriminação que era dada ao funcionário público que não poderia ser citado na sua repartição, a não ser para evitar o perecimento do direito. É evidente que o funcionário público, antes de mais nada, é um cidadão comum, devendo ser citado em qualquer lugar em que se encontre, salvo naqueles casos em que a própria lei restringe, como é o caso do já mencionado art. 217 do mesmo diploma legal.

12.3. CITAÇÃO DE PESSOA JURÍDICA

O Oficial de Justiça, muitas vezes, terá a incumbência de citar pessoas jurídicas.

Segundo o artigo 12 do CPC, "serão representados em juízo, ativa e passivamente: [...] VI - as pessoas jurídicas, por quem os respectivos estatutos designarem, ou, não designando, por seus diretores".

Tal disposição legal é para a representação processual da parte em juízo.

O Capítulo VI da Norma nº 9 da Corregedoria-Geral de Justiça do Estado de São Paulo que trata dos Oficiais de Justiça, dispõe:

"Nas citações de pessoas jurídicas ou sociedades sem personalidade jurídica, deverão ser observados os incisos VI e VII do art. 12 do Código de Processo Civil, certificando-se a diligência das cautelas necessárias no sentido de evitar prejuízos às partes".

Quando tiver que citar, intimar ou notificar uma pessoa jurídica, o Oficial de Justiça deve exigir a presença do representante legal, não tendo a obrigação de saber se a pessoa que se apresenta tem realmente essa qualidade.

A 4ª Câmara Cível do Tribunal de Alçada do Rio Grande do Sul, no julgamento da Ap. Cív. 187.009.451, decidiu:

"A citação da pessoa jurídica deve ser considerada válida e eficaz se o Oficial de Justiça, fundado na aparência e nos princípios de lealdade e boa-fé, a efetua na pessoa de quem se apresente com capacidade para representar a pessoa jurídica, tanto que apõe a assinatura com carimbos respectivos da firma citanda. A teoria da aparência responsabiliza e reveste de eficácia plena os atos praticados por prepostos ou sócios que se arvorarem em representantes das pessoas jurídicas. A teoria da aparência cria um sistema de proteção ao terceiro de boa-fé, paralelamente é uma responsabilidade pelo dever de bem eleger prepostos. Ora, se a empresa permite o uso de carimbo típico de quem tem poderes, assume o risco de que esta pessoa venha a participar de atos que, na sua dinâmica interna, seriam reservados a outras pessoas perante terceiros de boa-fé são tais atos prenhes de eficácia".

O Tribunal de Justiça do Paraná, em 30.4.86, no julgamento do AI 551/85, por sua 4ª Câm. Cív., decidiu que:

"Em princípio é certo que a citação inicial de sociedade anônima deve ser feita na pessoa indicada nos estatutos para representá-la em juízo. Entretanto, se a citação no processo de conhecimento realiza-se em pessoa apta a recebê-la por isso, o ato reveste-se de validez e eficácia para compor a relação jurídico-processual da ação". (Revista dos Tribunais 610/222).

A 7ª Câm. Cív. do 1º Tribunal de Alçada de São Paulo, no julgamento da Ap. Cív. 350.909, em 18.12.86, proclamou que:

"Os estatutos que dirigem a vida interna da empresa, podem, eventualmente, fixar responsabilidade patrimonial por eventual revelia. Para efeito externo, basta que a citação seja levada a efeito na pessoa de um diretor para que possa a pessoa jurídica, tomando com certeza ciência do ato citatório, apresentar resposta". (Revista dos Tribunais, 610/107).

Não se pode, por outro lado, reputar como ineficaz a citação se quem se apresentou para ser citado não tinha poderes para recebê-la, eis que o Oficial de Justiça é o cumpridor do mandado, não tendo obrigação de saber quem é de direito o representante legal, salvo se no mandado constar os nomes das pessoas físicas que deverão receber a citação, representando a pessoa jurídica. No caso de haver negativa em assinar, pelo representante do demandado, prevalecerá a fé pública do Oficial de Justiça, até prova robusta em contrário.

No caso de citação de pessoa jurídica em pessoa que não tem poderes para representá-la, poderá, mesmo assim, tornar a citação eficaz, como decidiu a 1ª Câmara do Tribunal de Justiça do Paraná, em 19.8.86, AI 522/85:

> "O CPC estabelece como norma cogente que as pessoas jurídicas são representadas judicialmente por quem os estatutos sociais designarem, harmonizando-se com o art. 17 do CC. Na omissão dos estatutos ou contratos sociais, válida a citação que recaia sobre diretor da pessoa jurídica".

Situação corriqueira é quando o Oficial de Justiça se dirige à sede de uma empresa para citar a pessoa jurídica e é deixado sentado, esperando o representante legal da empresa por muito tempo. Ora, um Oficial está em missão legal, cumprindo mandado judicial, não tendo de ficar mais do que o tempo razoável à espera dos empresários. Se tal fato ocorrer, deve advertir os funcionários da recepção e aguardar por mais alguns instantes, usando o bem-senso. Caso a demora no atendimento perdure, tranqüilamente poderá se retirar do local, pois o bom andamento no cumprimento dos mandados não pode ficar prejudicado. Poderá realizar a citação ou intimação com hora certa, comparecendo mais três vezes ao local, fundamentando todo o ocorrido em certidão circunstanciada.

13. Intimação cível

Segundo o artigo 234 do Código de Processo Civil, "intimação é o ato pelo qual se dá ciência a alguém dos atos e termos do processo, para que faça ou deixe de fazer alguma coisa".

José Frederico Marques (1987, p.367) define a intimação como "o ato de comunicação processual com que se dá ciência a alguém de outro ato já praticado ou que deva praticar".

De Plácido e Silva (1982, p.508) define intimação da seguinte forma:

> "É assim, a ciência, geralmente em caráter de ordem e de autoridade, que deve ser dada a pessoa, parte ou interessada em um processo, a respeito de despacho ou de sentença nele proferida, ou de qualquer outro ato judicial ali promovido, a fim de que o intimado, bem ciente do ocorrido, possa determinar-se, segundo as regras prescritas em lei, ou fique sujeito a sanções nesta cominadas".

Assim como as citações, as intimações, salvo disposição legal contrária, serão feitas pelo correio. Quando a lei o determinar, a intimação será feita por Oficial de Justiça. Será essa também a modalidade quando a intimação pelo correio for frustrada. Tal pode ocorrer quando o intimando se oculta, por exemplo.

Além do Oficial de Justiça, outros serventuários dotados de fé pública podem realizar intimações. Estas também podem ser realizadas pela imprensa, o que é muito comum nas comarcas em que circulam jornais contendo notícias locais. Entretanto, a intimação que merece grande destaque é a realizada por Oficial de Justiça (modelo 19). A intimação feita nos próprios autos do processo por escrivão ou por outro serventuário, dotado de fé pública, tem o mesmo valor probante da realizada pelo Oficial de Justiça. A diferença está baseada no fato de que o Oficial de Justiça cumpre as diligências não no fórum, mas em outros locais descritos no mandado, geralmente local de trabalho ou residência do intimando. Além disso, convém ressaltar que a intimação poderá ser realizada por outro serventuário que não seja Oficial de Justiça, mas que goze de fé pública. A lei é omissa nos casos de intimação em que o réu se oculta. A jurisprudência dominante tem-se inclinado pela realização da intimação com hora certa, procedida nos mesmos moldes da citação. É interessante ressaltar que é plenamente válida a intimação com hora certa, com os mesmos requisitos dos arts. 227 a 229 do Código de Processo Civil, mas o prazo começa a correr da data da juntada aos autos do mandado cumprido devidamente. Existem correntes que defendem a intimação com hora certa no processo de execução, o que deve ser encarado com reservas.

A intimação é um dos atos mais realizados pelo Oficial de Justiça. É o ato que abrange, praticamente, todos os atos do processo e quando realizada por esse serventuário também está sujeita à observância de determinados requisitos para sua validade. É o caso do art. 239 do Código de Processo Civil: "far-se-á a intimação por meio de Oficial de Justiça quando frustrada a realização pelo correio."

Alude o parágrafo único desse mesmo artigo:

"A certidão de intimação deve conter:
I - a indicação do lugar e a descrição da pessoa intimada, mencionando, quando possível, o número de sua carteira de identidade e o órgão que o expediu;

II - a declaração de entrega da contrafé;
III - a nota de ciente ou certidão de que o interessado não a apôs no mandado".

Contudo, a não-observância dos requisitos enumerados no artigo acima referido, bem como em seu parágrafo único, nem sempre poderão gerar nulidade de intimação. É o caso da intimação de advogado realizada por escrivão nos próprios autos do processo. Além disso, quando realizada a intimação por Oficial de Justiça, não deverá estar sujeita à anulação, caso a pessoa intimada se negue a assinar e na certidão não conste o nome das testemunhas. Se ao contrário fosse, a fé pública do serventuário não teria razão de existir. Quando o Oficial de Justiça pode dispor de testemunhas, tem ele maior firmeza em certificar, dando-lhe maior valor probante. Mas isso nem sempre é possível, eis que muitas pessoas se negam a servir como testemunha ou não estão próximas ao local onde o Oficial efetuou a diligência, sendo um fato imprevisível. Assim, a parte não pode ficar prejudicada pela alegação da outra de que a intimação não foi regular por não constar na certidão a presença das testemunhas. A presunção de veracidade das alegações do Oficial de Justiça deve ser mantida, até prova em contrário. Por outro lado, alguns sustentam o rigorismo na forma.

Hélio Tornaghi (1975, p.237), ensina que:

"Da inobservância de forma prescrita em lei resulta a nulidade do ato. As citações e as intimações devem ser feitas de acordo com as prescrições legais, do contrário essas seriam inúteis. Se a lei quisesse deixar o procedimento da citação ou da intimação ao critério de alguém (juiz, escrivão, Oficial de Justiça), ou a diria expressamente ou não estabeleceria normas para lhes disciplinar o *modus faciendi*. A contrário disso, ela estatui nos arts. 215 a 233 e 235 a 242, com luxo de pormenores, as regras que devem ser observadas na realização daqueles atos.

Coerentemente considera nulos os que são feitos sem observância de tais preceitos".

Ensina E.D.Moniz de Aragão (1976, p.304):

"Implícita é a exigência da aposição da nota de ciente ao mandado, pelo intimado. Essa formalidade não está declarada, mas resulta evidente, uma vez que a lei prevê a necessidade de serem mencionadas, pelo nome, as pessoas que presenciarem, durante a intimação, o convite ao intimado para apor seu ciente ao mandado e a sua recusa em fazê-lo".

O Desembargador Athay de Nery de Freitas, do Tribunal de Justiça do Mato Grosso do Sul, ao julgar o AI 146/80, em lúcido voto, decidiu que:

"Ainda que tenham os oficiais de justiça, no desempenho de seus misteres, a presunção de verdade em decorrência daquilo que certificaram, é bom anotar que a lei exige também para a consecução de determinados atos, cuidados e formalidades especiais, cercando e policiando desta forma, o verdadeiro alcance dos efeitos que deles decorre".

A questão de não haver testemunhas presenciais está superada. A alteração do inciso III do artigo 239 do CPC, produzida pela Lei nº 8.710/93, fez desaparecer a necessidade da presença de testemunhas, no caso de recusa da pessoa intimada a dar o seu ciente.

13.1. INTIMAÇÃO DO DEVEDOR DA PRAÇA OU DO LEILÃO

Atualmente, não é mais imprescindível a participação do Oficial de Justiça neste ato processual. Segundo a lei processual derrogada, era essencial, para a validade da intimação do devedor da praça ou do leilão, fosse realizada por mandado, e, conseqüentemente, por Oficial de Justiça, salvo se o réu não fosse localizado, caso em que seria efetivada por edital. Todavia, a Lei nº 8.953, de 13 de dezembro de 1994, acrescentou o § 5º no artigo 687 do Código de Processo Civil, que "o devedor será intimado pessoalmente, por mandado, ou carta com aviso de recepção, ou por outro meio idôneo, do dia, hora e local da alienação judicial". Dessa maneira, a intimação poderá ser realizada por qualquer meio idôneo, prescindindo da figura do Oficial de Justiça.

"O art. 687, § 3º do estatuto processual, rompendo a regra geral ao exigir a intimação pessoal de quem já foi citado e até pode estar representado nos autos, deve ser interpretado com prudência e sem radicalismo, conformando-os aos princípios gerais e aos objetivos do processo de execução, sob pena, na hipótese contrária, de se transformar em obstáculo praticamente intransponível, a impedir o normal andamento do processo. Se não há que se transigir com a observância da determinação legal, também não há que se considerar irregular a arrematação precedida da intimação por edital, sempre que circunstância relevante impeça que a ciência do devedor se faça pessoalmente". (Ac. da 4ª Câm. Cív. do 2º Tribunal de Alçada de São Paulo em 7.8.84 nos EI 160.524-5-01).

O Supremo Tribunal Federal, julgando a RE 81.798, já em 10.11.77, decidiu que:

"Intimação. Execução. Praça. Devedor não encontrado para a intimação pessoal. Desnecessidade de sua específica intimação quanto à realização da praça. Edital de praça, com ampla divulgação que faz às vezes dessa intimação. CPC, art. 687, § 3º".

A 6ª Câm. Cív. do 1º TASP, em 21.06.77, ao julgar o MS 232.734, já decidiu que "bens penhorados não podem ser levados à praça antes da intimação ao executado da designação da hasta pública".

Essa mesma Câmara, julgando a Ap. 213.258 em 15.7.75, proclamou: "Nula é arrematação, se o executado não foi intimado no dia e hora da praça".

Nada impede que o devedor seja intimado da praça ou leilão através de edital, caso esteja em local incerto e não sabido. Nesse caso, no mesmo edital da praça ou leilão deverá ficar consignada a intimação do devedor para a praça ou leilão.

A jurisprudência tem decidido de forma a autorizar a intimação do devedor através do edital, quando diz que: "O art. 687, § 3º, do CPC, por certo obriga a que se faça a intimação do devedor, por mandado, do dia e hora da realização da praça ou leilão. Tal entretanto, não obsta a que, de outra forma, venha a ser atingida a mesma finalidade, sempre que, como ocorre no caso dos autos, inviável se tornar a intimação pessoal, por mandado. Não há nulidade se não resultar prejuízo. Ademais, os editais publicados para a venda de coisa penhorada não valem apenas como aviso intimatório ao público, senão também para as partes interessadas". (Ac. do 1º Tribunal de Apelação Civil de São Paulo, na Ap. 349.813 em 4.2.86).

"Estando o executado em lugar incerto e não sabido, válida é a intimação da praça por edital". (Ac. da 7ª Câm. Cív. do 1º TASP em 1.4.86).

Destarte, a controvérsia está superada, pois o devedor poderá ser intimado por qualquer meio idôneo do dia, hora e local da alienação judicial.

13.2. INTIMAÇÃO DA PENHORA

Após a realização da penhora, o devedor deverá ser intimado para que ofereça embargos, querendo. Assim, efetuada a penhora, deverá o Oficial de Justiça intimar o réu para o oferecimento dos embargos. O prazo, nesse caso, começará a fluir da data da juntada aos autos da prova da intimação da penhora e será de 10 (dez) dias na execução comum. Entretanto, é mister ressaltar que se o devedor oferece bens à penhora e subscreve o respectivo termo, dispensa-se o ato intimatório por Oficial de Justiça, e o prazo para embargar flui da data do termo.

Conforme decisão da 1ª Câmara Cível do Tribunal de Alçada de Minas Gerais ao julgar a Apelação Cível 30.141 em 11.4.86:

> "O prazo para oferecimento de embargos à execução quando a penhora for efetivada por termo nos autos, em virtude da nomeação de bens pelo próprio devedor, conta-se da assinatura do respectivo termo, sendo desnecessária a intimação pelo Oficial de Justiça no prazo de 10 dias, exigência que só é de ser feita quando este último realizar a penhora, lavrando o respectivo auto". (Revista de Jurisprudência do TAMG, v.26/27,302).

Geralmente o Oficial de Justiça utiliza-se de um formulário de auto de penhora impresso (modelo 7), preenchendo-o com os nomes das partes e outros requisitos. Nesse tipo de impresso já consta a certidão de intimação da penhora, devendo também ser preenchida com o nome do réu e a data da intimação.

No caso de penhora, a intimação deverá ser realizada no ato do procedimento, ou seja, após a penhora propriamente dita. Aliás, considerando que não existe penhora sem o depósito de bens, é lógico afirmar que no ato de depósito, caso os bens fiquem sob responsabilidade do devedor, seja o mesmo intimado para o oferecimento dos embargos.

Algumas modificações trazidas pela Lei nº 8.953, de 13 de dezembro de 1994, acabaram por alterar a forma de contagem do prazo de intimação da penhora e a maneira de realização de penhora de imóveis. Com efeito, quando se tratar de penhora de imóveis, dúvidas começaram a surgir. É que uma determinada corrente doutrinário-jurisprudencial entende que a penhora de imóvel se perfectibiliza no exato momento de sua realização, qual seja, no momento em que o Oficial de Justiça lavrar o auto de penhora e depósito. Entretanto, outra corrente, mais acertada, na qual nos filiamos, propugna pela eficácia da penhora de bem imóvel somente quando houver a sua inscrição no registro de imóveis competente. Destarte, a segunda corrente é a mais correta. Ora, o § 4º do artigo 659 do Código de Processo Civil é claro ao mencionar que a penhora de imóveis realizar-se-á mediante auto de penhora, *e inscrição no respectivo registro.* O problema consiste no fato de que a lei não exige seja registrada a penhora de imóvel por Oficial de Justiça. Portanto, não tem obrigação legal o Oficial de se dirigir ao cartório de registro de imóveis para registrar a penhora realizada. Até porque, para tal desiderato, há a necessidade de efetuar o pagamento de custas, sendo que não tem este serventuário dever de desembolsar custas para patrocinar atos processuais de outrem. Conforme ensina Araken de Assis, em "Reforma do Processo Executivo" *in Inovações do Código de Processo Civil,* 1997, *verbis*:

> "Não dispõe o estatuto processual sobre a disciplina do registro. Logo, se aplica o regime ordinário da Lei nº 6.015/73, especialmente o disposto no seu art. 239: o registro se realizará 'depois de pagas as custas', pelo interessado, ou seja, mediante depósito prévio, à vista de mandado ou de certidão do escrivão. Assim, em se tratando de penhora por Oficial de justiça (art. 659), bastará o mandado executivo, devendo o oficial entregar cópia do auto de penhora (art. 665), embora o credor (*rectius*: seus advogados) deva acompanhar o oficial de justiça, nesta diligência, para satisfazer as custas; cuidando-se, ao invés, de penhora por termo, bastará a

certidão do termo (art. 657), se o credor não desejar mandado específico."

Assim, pela solução apresentada pelo eminente doutrinador, nada impede que o Oficial de Justiça efetive a penhora do imóvel e seja acompanhado pela parte interessada até o cartório de registro de imóveis, a fim de efetuar o registro da penhora, sendo as custas pagas no ato pela parte acompanhante. Contudo, cabe ressaltar que tal solução é aconselhável, mas não é obrigatória, porquanto não dispõe a lei neste sentido. É certo que o Oficial de Justiça, na maioria das vezes, está assoberbado de serviço. Há muitos mandados a ser cumpridos, sendo que todo o trabalho do Oficial deve ser medido, a fim de não atrasar o cumprimento de alguns em detrimento de outros. Por outra banda, se o Oficial de Justiça devolver o mandado após realizar a penhora de imóvel, também estará agindo de maneira correta.

A penhora de qualquer bem se torna eficaz com o depósito. No caso específico de imóvel, outro requisito é exigido para a perfectibilização deste ato processual, qual seja, a inscrição no respectivo registro. Sendo assim, o Oficial de Justiça realizará a penhora, lavrando o auto de penhora (modelo 7). Em seguida, devolverá o mandado, para que o Escrivão providencie a *intimação* da parte interessada para que esta promova a inscrição da penhora no cartório do registro de imóveis competente, com base no § 4º do artigo 659 do Código de Processo Civil. Realizada a inscrição, agora sim, providenciará o Escrivão a expedição de outro mandado de intimação do executado para o oferecimento de embargos. Esta solução, assim como aquela apresentada pelo eminente jurista Araken de Assis (ob. cit.), também nos parece acertada, na medida em que não contraria o espírito da lei.

14. Prisão civil

A prisão não deixa de ser um ato processual, uma vez determinada pelo magistrado. É o ato que o Oficial de Justiça deve desempenhar com a maior cautela, não só em virtude do risco que corre, mas também em razão da iminência de ocultação ou fuga daquele que vai ser preso. Pode ser efetivada por qualquer autoridade policial em razão de determinação judicial ou, em outros casos expressos em lei, que não nos cabe analisar, eis que não têm a participação do Oficial de Justiça.

O Oficial diligenciará em todos os endereços descritos no mandado e efetuará a prisão (modelo 17) seja através de mandado extraído de processo cível ou crime, conforme o caso. Entretanto, o ato de prender será o mesmo para todos os casos, podendo o Oficial de Justiça solicitar força policial. Efetuada a prisão, o Oficial de Justiça entregará o preso imediatamente no local onde for determinado no mandado, que é geralmente o presídio local. O agente responsável ficará com uma cópia do mandado e prestará recibo no verso dele, ficando também outra cópia com o preso.

Na ação de depósito, o autor pedirá a prisão do réu, cabendo ao juiz decretá-la e ao Oficial de Justiça cumprir o mandado de prisão.

Sobre a prisão de depositário infiel, é dominante na jurisprudência que ao preso pode ser concedido o direito à prisão-albergue, mas não à prisão domiciliar (Revista dos Tribunais, 601/211).

A prisão civil poderá ser realizada durante as férias forenses e nos feriados. No caso de feriados, para efetuá-la, deverá o Oficial de Justiça solicitar autorização ao juiz a quem cabe requisitar força pública para auxiliar o Oficial. Além disso, em caso de prisão realizada por Oficial de Justiça mediante mandado judicial, não é necessária a participação de testemunhas, sendo facultado ao servidor a realização da diligência com testemunhas, eis que a lei não preceitua o contrário. Por analogia, pode ser invocado o artigo 143, I, do Código de Processo Civil, que dispõe: a diligência realizar-se-á na presença de testemunhas, sempre que possível.

A decretação de prisão civil em processo de pensão alimentícia é suspensa no momento que o devedor paga as prestações vencidas e vincendas. Assim, o próprio Oficial de Justiça, ao dar voz de prisão ao réu, deve-lhe solicitar a apresentação de recibo de quitação ou prova de pagamento e, ainda, indagar-lhe sobre a possibilidade do pagamento imediato dos valores. Entretanto, sendo o Oficial de Justiça um mero cumpridor do mandado, não lhe caberá emitir qualquer juízo sobre a prova de pagamento das parcelas pelo réu, eis que não está a par do processo e do montante total. Nesse caso, o Oficial de Justiça deve levar o preso imediatamente ao presídio local ou àquele que for indicado no mandado. Depois de o réu ser recolhido ao presídio, deve o Oficial imediatamente levar as provas ao conhecimento do juiz, que tomará a decisão cabível. Há casos em que o réu é preso dentro do próprio fórum. Assim, caso seja alegado por ele o pagamento das prestações, é aconselhável que o Oficial de Justiça consulte o juiz e solicite a conta, a fim de evitar o recolhimento imediato do réu. Contudo, esse procedimento só deverá ser utilizado pelo Oficial de Justiça caso haja condições especiais para garantir que o réu não fuja. O Oficial não está obrigado a ficar à disposição do réu no fórum, aguardando a realização de cálculos, pois o mandado determina a prisão. Por outro lado, há casos em que réu se prontificará a efetuar o pagamento das prestações atrasadas. Entretanto, o cumprimento dessa disposição deve ser imediato, com o pronto pagamento da dívida. Caso o réu se disponha a pagar de imediato, é aconselhável que o Oficial de Justiça tome as cautelas cabíveis para que ele não fuja, não se afastando dele e concedendo-lhe um tempo razoável, a seu critério. Nada impede que o réu seja algemado, porque o mandado determina sua prisão, que se considera efetuada quando dela for dada ciência pelo Oficial de Justiça.

Somente ao juiz cabe suspender o cumprimento da ordem de prisão, à luz do § 3º do artigo 733 do Código de Processo Civil:

> "Na execução de sentença ou de decisão, que fixa os alimentos provisionais, o Juiz mandará citar o devedor para, em três (3) dias, efetuar o pagamento, provar que o fez ou justificar a impossibilidade de efetuá-lo.
> [...]
> § 3º. Paga a pensão alimentícia, o Juiz suspenderá o cumprimento da ordem de prisão".

Por outro lado, há casos em que o meirinho dá voz de prisão ao devedor de alimentos fora de horário de expediente bancário. Dessa forma, se o devedor se propuser a saldar a dívida alimentícia de imediato, como deve agir o Oficial de Justiça? Nesse caso, deve o serventuário recolher os valores pagos pelo devedor e prestar recibo. No menor tempo possível, deve o Oficial de Justiça depositar o valor em dinheiro em cartório solicitando recibo ao Escrivão. Contudo, o Oficial de Justiça não deve aceitar pagamento com cheque, eis que não sabe se o saque tem liquidez. Assim, não terá o meirinho alternativa outra senão em recolher o devedor ao presídio.

Mas, se o devedor, de pronto, estiver disposto a saldar a dívida alimentícia fora do horário de funcionamento bancário, qual o valor a ser pago, caso não conste no mandado o valor atualizado da dívida? Nessa situação, se não houver a possibilidade de se efetuar o cálculo atualizado, poderá o réu pagar o valor que consta no mandado.

15. Citação crime

Segundo o artigo 357 do Código de Processo Penal:

"São requisitos da citação por mandado:
I - leitura do mandado ao citando pelo Oficial de Justiça e entrega da contrafé, na qual se mencionarão o dia e hora da citação.
II - declaração do Oficial, na certidão da entrega da contrafé, e sua aceitação ou recusa".

Portanto, assim como no cumprimento do mandado extraído de processo cível, o Oficial de Justiça deve observar as formalidades legais ao efetuar a citação criminal (modelo 20). Segundo o eminente doutrinador José Frederico Marques (1961),

"a certidão do oficial lançado no mandado, depois que o cumpre, constitui a documentação escrita das diligências por ele efetuadas e está coberta pela fé pública, que advém de seu cargo. Ela é de suma importância, porquanto do que ali consta é que se verifica se houve ou não a citação, bem como se esta se processou regularmente".

A declaração na certidão da entrega da contrafé é muito importante, pois poderá presumir-se que não tenha sido entregue, caso o Oficial não o declare expressamente na certidão.

Portanto, é recomendável que o Oficial de Justiça, ao citar o réu, além da contrafé, que é a cópia do mandado, lhe dê também a cópia da denúncia. No entanto, tal providência depende de critério dos serventuários do cartório, aos quais incumbe a expedição e preparação do mandado, pois a ela não estão obrigados.

15.1. OCULTAÇÃO DO RÉU PARA EVITAR A CITAÇÃO

Há casos não abordados com clareza na lei processual vigente. Um deles é o da ocultação do réu em processo criminal. Conforme foi referido, na lei processual civil, quando existe a suspeita de ocultação do réu, o Oficial de Justiça efetuará a chamada citação com hora certa. Contudo, a lei processual penal não prevê tal recurso. Como deverá então proceder o Oficial de Justiça? Primeiramente, efetuar todas as diligências possíveis para localizar o réu, procurando-o em todos os endereços indicados no mandado, desde que compreendidos em sua comarca, inclusive fora do horário de expediente. Esgotados esses recursos, tomará informações com vizinhos e familiares do réu, enfim, com todas as pessoas que possam informar sobre suas atividades. Na certidão, circunstanciará todas as diligências efetuadas com o intuito de localizar o réu para citá-lo, mencionando, inclusive, a suspeita de ocultação. Essa certidão deverá ser submetida à apreciação do magistrado competente, cabendo a este decidir acerca da citação do réu. Assim, mediante certidão do Oficial de Justiça minuciosamente circunstanciada, deverá a autoridade judiciária determinar a citação do réu por edital, com base no artigo 362 do Código de Processo Penal, ou seja: "Verificando-se que o réu se oculta para não ser citado, a citação far-se-á por edital, com o prazo de cinco dias".

É necessário salientar que a determinação da citação por edital só é cabível, sob pena de nulidade, após esgotados os meios para se encontrar a pessoa.

15.2. CITAÇÃO DO MILITAR E DO FUNCIONÁRIO PÚBLICO

Segundo o artigo 358 do Código de Processo Penal "a citação do militar far-se-á por intermédio do chefe do respectivo serviço".

Em regra, a citação do militar far-se-á dessa forma. Entretanto, caso conste endereço residencial do réu, no mandado de citação, nada impedirá a citação na própria pessoa do réu. A falta de requisição do militar a seu chefe constitui mera irregularidade, não anulando o ato.

No que concerne à citação de funcionário público, é necessário examinar o espírito do artigo 359 do Código de Processo Penal, ou seja: "o dia designado para funcionário público comparecer em juízo, como acusado, será notificado assim a ele como ao chefe de sua repartição".

Portanto, além da citação pessoal do funcionário público, pelo Oficial de Justiça, também deverá ser expedido de ofício a seu chefe. Evidentemente o ofício requisitando o funcionário é assinado pelo juiz e expedido pelo cartório criminal competente.

O réu se defende dos fatos narrados na prefacial. Portanto, cópia da peça acusatória deverá acompanhar o mandado citatório e ser entregue a ele.

16. Intimação crime

A intimação consiste no ato de se dar ciência a alguém acerca de um ato processual realizado ou a se realizar, bem como de despachos e sentenças proferidas.

Determina o artigo 370 do Código de Processo Penal que nas intimações dos réus, das testemunhas e demais pessoas que devam tomar conhecimento de ato, como por exemplo, um perito, a vítima, o advogado, o assistente, o intérprete, etc., será observado, no que for aplicável, o disposto concernente às citações.

João Roberto Parizatto (1992) afirma que:

> "As intimações no processo penal serão efetuadas por mandado, estando a parte na comarca do juízo processante, por carta precatória ou carta rogatória e até por edital, se for o caso. As intimações no processo penal poderão ser efetuadas pelo escrivão, que certificará a intimação nos autos respectivos (parágrafo único do artigo 370 do CPP)".

Segundo decisão da 1ª Câmara Criminal do Tribunal de Justiça do Estado de Minas Gerais, em 21.3.85:

> "No processo penal as modalidades de intimação de sentença ou decisão são apenas as previstas no art. 392 do CPP, e entre elas não se inclui a intimação via postal; portanto, não se pode recorrer à analogia com o CPC, porque a norma é expressa, e a analogia só se aplica quando houver omissão da lei" (Revista de Jurisprudência do Tribunal de Alçada de Minas Gerais, 22/296).

A incumbência do Oficial de Justiça é a de intimar o réu, testemunha ou qualquer outra pessoa determinada no mandado, a fim de dar conhecimento de algum ato realizado ou a realizar. Geralmente, a intimação da sentença de pronúncia será realizada mediante mandado, pessoalmente, ao réu solto. As intimações das sentenças também são efetuadas pelo Oficial de Justiça, que deve certificar, acostando certidão no mandado (modelo 21).

No caso de intimação de jurado, bastará o Oficial de Justiça deixar cópia do mandado na residência do que não for encontrado, salvo se estiver fora no município. A certidão deverá ser circunstanciada, e o nome de quem recebe a cópia deve constar nela e, se possível, sua assinatura.

Os arts 366, 367, 369 e 370 do Código de Processo Penal foram alterados pela Lei nº 9.271, de 17 de abril de 1996.

Se o acusado for citado por edital e não comparecer, nem constituir advogado, ficarão suspensos o processo e o curso do prazo prescricional. A qualquer tempo, caso compareça o acusado, ter-se-á por citado pessoalmente, prosseguindo o processo. Caso constitua advogado, ainda que não compareça, prosseguirá o processo normalmente.

Entretanto, se o acusado for citado ou intimado *pessoalmente* para qualquer ato e deixar de comparecer sem motivo justificado, ou no caso de mudança de residência, não comunicar o novo endereço ao juízo, seguirá o processo mesmo sem a sua presença.

Estando o acusado no estrangeiro, será citado mediante carta rogatória, suspendendo-se o curso do prazo prescricional até o seu cumprimento, desde que o réu esteja em lugar sabido, ou seja, em endereço conhecido.

As intimações dos advogados constituídos far-se-ão por publicação no órgão incumbido da publicidade dos atos judiciais da comarca. Não havendo tal órgão, realizar-se-ão pelo Escrivão Judicial, por mandado (através de Oficial de Justiça), por via postal, ou por qualquer meio idôneo.

17. Notificação de testemunha

O Oficial de Justiça, dentre outras atribuições, é quem realiza a notificação das testemunhas no processo penal. O termo *notificação*, usado nos mandados judiciais, tem o mesmo significado de intimação. Assim, notificação é dar ciência a alguém de algum ato, a fim de que compareça em juízo para prestar um esclarecimento. A notificação tem força coercitiva, ou seja, obriga a pessoa a prestar o depoimento em juízo. É evidente que ninguém é obrigado a falar acerca dos fatos que presenciou. Todavia, seu comparecimento em juízo é obrigatório, salvo se as partes desistirem da testemunha. Caso contrário, não poderá a testemunha deixar de comparecer em juízo, salvo justificativa realmente fundamentada e relevante.

É mister ressaltar que o mandado será cumprido nas mesmas modalidades que os de citação e intimação. Assim, deverá o Oficial de Justiça certificar que entregou cópia do mandado à testemunha e sua aceitação e recusa, bem como se a assinou ou se negou a assinar. A assinatura é mera formalidade. Sua falta não afeta a eficácia da notificação, eis que o Oficial de Justiça é detentor de fé pública. É evidente que se a pessoa se negou a assinar e a receber cópia, revelará a intenção de não comparecer em juízo. Nesse caso, caberá ao Oficial de Justiça lavrar a certidão circunstanciada e levá-la à apreciação do magistrado, que determinará a condução sob vara da testemunha.

Algumas vezes poderá ocorrer que o Oficial de Justiça diligencie diversas vezes no endereço da testemunha, não a encontrando. Poderá ocorrer até mesmo sua ocultação, a fim de evitar a notificação, sendo a lei omissa nesse ponto. Então, deverá o Oficial de Justiça certificar, mencionando todas as vezes que compareceu nos locais indicados no mandado, podendo se dirigir a qualquer outro onde presuma se encontrar a testemunha. Caberá ao magistrado (juiz ou pretor) decidir sobre a maneira de trazê-la a juízo, seja determinando de ofício sua condução sob vara, seja dando vista às partes, que se manifestarão. É aconselhável que o Oficial de Justiça também efetue diligências fora do horário de expediente. Somente após esgotar todos os meios é que o mandado deverá ser devolvido, sendo acostada a certidão pertinente, a qual será apreciada por quem de direito.

O Oficial de Justiça tem o dever de esgotar todos os meios legais para notificar a testemunha. Por outro lado, o Escrivão deve zelar para que a audiência designada não seja transferida. Se houver motivo justo para a transferência da solenidade, então é aconselhável que o Escrivão intime novamente as partes e as testemunhas nos próprios autos do processo, caso haja designação de nova data da sessão frustrada. Evita-se que novos mandados sejam expedidos, agilizando o bom andamento no serviço.

18. Condução de testemunha

É muito comum que as testemunhas, mesmo devidamente notificadas, não compareçam à audiência aprazada. Muitas vezes, a falta é injustificada, o que acarreta a designação de outra data e a expedição de mandado de condução coercitiva. O mandado será cumprido por Oficial de Justiça, que poderá solicitar o auxílio de força pública para seu cumprimento. É o que reza o artigo 218 do Código de Processo Penal:

> "Se, regularmente intimada, a testemunha deixar de comparecer sem motivo justificado, o Juiz poderá requisitar à autoridade policial a sua apresentação ou determinar seja conduzida por Oficial de Justiça, que poderá solicitar o auxílio de força pública".

Assim, a testemunha é escoltada até a sede do juízo, onde será ouvida. Se houver resistência, poderá ser algemada e trazida mediante força. Na verdade, caracterizar-se-á uma espécie de prisão, eis que a pessoa será conduzida e detida naquele momento e até prestar depoimento.

Todas as despesas, inclusive a condução do Oficial de Justiça, serão suportadas pela testemunha, que, além disso, ficará sujeita a multa e até mesmo a processo criminal por desobediência e, conforme, por resistência, caso a condução seja feita à força.

Geralmente os mandados judiciais de condução também determinam a notificação da testemunha. Esta é a prática mais comum na Justiça do Estado do Rio Grande do Sul. Assim, após o não-comparecimento da testemunha, será expedido mandado de notificação e condução. A prática mais comum é que o Oficial de Justiça se dirija aonde se encontrar a testemunha, notificando-a novamente, dando ciência de tudo. No dia da audiência, em geral, uma hora antes, verificará o Oficial de Justiça seu comparecimento ou não. Em caso negativo, deverá tomar as providências necessárias para trazê-la à sala de audiências (modelo 22).

Quando o Oficial de Justiça for notificar ou intimar a testemunha e, na ocasião da diligência, for atendido de forma áspera ou for informado pela testemunha de que ela não comparecerá à audiência, deve mencionar tudo em certidão. No caso do não-comparecimento da pessoa em juízo para depor, o Magistrado lerá a certidão do Oficial de Justiça e terá mais firmeza em tomar uma decisão. Ficará evidenciado de que a testemunha não compareceu de forma proposital, e certamente terá sua condução coercitiva determinada pelo Juiz.

19. Prisão penal

Assim como a prisão civil, geralmente a prisão penal será efetuada por Oficial de Justiça (modelo 16). Em regra, a autoridade judiciária expedirá o mandado de prisão, sendo o Oficial de Justiça incumbido de atendê-lo. Caso o réu não seja localizado ou houver dificuldades para tal, o mandado será remetido à autoridade policial, devendo dele constar o prazo de prescrição quando se tratar de sentença condenatória. O conveniente seria que o mandado inicialmente também fosse remetido à autoridade policial, principalmente no caso de prisão preventiva. Entretanto, tal providência fica a critério do juiz competente. A prisão penal deverá ser realizada por Oficial de Justiça nos moldes da lei, agindo com as cautelas indispensáveis para o fiel cumprimento do mandado. Infelizmente, esse serventuário não tem as condições satisfatórias para proceder a prisões, eis que não dispõe de um treinamento específico nem de aparato para realizá-las. As polícias estaduais contam com viaturas, treinamento, armas e todo equipamento necessário para efetivar esse tipo de medida. Já o Oficial de Justiça não possui nenhum aparato, pondo em risco não só a própria integridade física, mas também a de terceiros. Ainda que o Oficial de Justiça possa solicitar auxílio de força pública para o cumprimento de qualquer mandado, normalmente isso não ocorre no caso de mandado de prisão.

Como ficaria o Oficial de Justiça se cada vez que procedesse a diligência no local onde se encontra o réu fosse acompanhado pela polícia? Na verdade, o Oficial de Justiça deve cumprir inúmeros mandados, não tendo tempo disponível para se ater a um só. A prática mais comum nas diversas comarcas do Estado do Rio Grande do Sul e, cremos, em outras do país, é a seguinte: o Oficial diligencia na residência do réu, deixando aviso para que compareça a juízo. Nesse caso, não menciona o motivo. Comparecendo ao fórum, o réu é preso e conduzido ao local que a ordem determina.

No cumprimento do mandado de prisão, além da faculdade de usar arma, pode o Oficial de Justiça utilizar de todos os meios indispensáveis para a realização da prisão, atentando ao que dispõe o artigo 284 do Código de Processo Penal *verbis*: "Não será permitido o emprego de força, salvo a indispensável no caso de resistência ou tentativa de fuga do preso".

A Corregedoria-Geral da Justiça do Estado do Rio Grande do Sul, através do Provimento nº 27/97, de 18 de setembro de 1997, dispõe que fica vedado aos Magistrados deste Estado determinarem aos Oficiais de Justiça que efetuem o transporte de presos, doentes ou menores delinqüentes em ônibus ou em seus veículos particulares.

A prisão poderá ser efetuada em qualquer dia e em qualquer horário, respeitadas as restrições relativas à inviolabilidade do domicílio (art. 5º, XI, da Constituição Federal).

Se a infração for *inafiançável*, a falta de exibição do mandado não obstará à prisão, sendo o preso imediatamente apresentado ao Juiz que tiver expedido o mandado.

No caso de prisão efetivada com a exibição do mandado judicial, será o preso encaminhado ao local determinado pelo Juiz. Contudo, havendo prisão em flagrante delito, será ele levado à presença da Autoridade Policial.

A prisão realizada à noite somente poderá ocorrer no caso de flagrante delito. Neste caso, independentemente de mandado, podendo haver arrombamento de obstáculos.

20. *Porte de arma do Oficial de Justiça*

Antigamente, o meirinho tinha o dever de portar escudo e adaga para se defender e executar as ordens do magistrado.

Hoje, em razão do risco de vida que corre, quando estiver realizando as diligências, o Oficial de Justiça pode portar armas.

Consoante decisão do magistrado paulista Dr. Manoel Carlos da Costa Lei, mencionado por Gerges Nary (1985, p.21):

> "No exercício do mandado, é o Oficial de Justiça agente da autoridade. Principalmente quando executa ordem de prisão, suas funções se identificam com as dos policiais da Vigilância e Capturas".

A Lei nº 9.437, de 20 de fevereiro de 1997, institui o Sistema Nacional de Armas, estabelece condições para o registro e para o porte de arma de fogo, define crimes e dá outras providências. Esta Lei Federal e o Decreto 2.222, de 8 de maio de 1997, que a regulamenta, nada dispõem acerca do porte de arma do Oficial de Justiça. O artigo 28 do mencionado decreto alude que o porte de arma é inerente aos policiais federais, policiais civis, policiais militares e bombeiros militares.

O porte de arma de fogo do Oficial de Justiça fica condicionado à autorização da autoridade competente, na forma do artigo 6º da Lei nº 9.437/97.

21. O Oficial de Justiça no Tribunal do Júri

É da competência do Tribunal do Júri o julgamento dos seguintes crimes: homicídio doloso, infanticídio, participação em suicídio e aborto, tentado ou consumado (salvo o crime capitulado no art. 122 do CP, que não admite a tentativa).

A participação de dois Oficiais de Justiça na sessão de julgamento é efetiva e de suma importância. Suas atribuições são diversas, sendo uma delas manter a incomunicabilidade dos jurados e das testemunhas. Também poderá efetuar diligências externas, como a condução de testemunha faltosa.

Segundo preceitua o artigo 456 do Código de Processo Penal: "O porteiro do tribunal ou, na falta deste, Oficial de Justiça, certificará haver apregoado as partes e as testemunhas". Todavia, é o Escrivão que, em regra, faz o pregão das partes e lavra a certidão. Somente do pregão das testemunhas é que ficará incumbido o Oficial de Justiça, mas não lavrará qualquer certidão. Este é o procedimento prático adotado nas sessões do Tribunal do Júri. Mesmo porque está extinta a figura do porteiro do tribunal ou do porteiro de auditório.

A incomunicabilidade dos jurados deverá ser observada pelo Oficial de Justiça, pois tem por objetivo assegurar a independência dos jurados e a verdade da decisão.

Nas sessões de julgamento do Tribunal do Júri, que são públicas, servirão dois Oficiais de Justiça prontos para obedecer às ordens do juiz. A própria lei menciona a participação de dois oficiais, consoante artigo 481 do Código de Processo Penal:

"fechadas as portas, presentes o escrivão e dois oficiais de justiça, bem como os acusadores e os defensores, que se conservarão nos seus lugares, sem intervir nas votações, o conselho, sob a presidência do juiz, passará a votar os quesitos que lhe forem propostos.
Parágrafo único. Onde for possível, a votação será feita em sala especial".

Geralmente os edifícios do fórum ou do local de sessão possuem uma sala especial para a votação dos quesitos. Nesse caso, o salão do júri não precisa ser esvaziado, devendo o réu ficar em lugar apartado.

Concluída essa parte do júri, seja com o salão esvaziado, seja na sala secreta, antes de proceder-se à votação dos quesitos, o juiz mandará distribuir aos jurados pequenas cédulas, feitas de papel opaco e facilmente dobráveis, contendo uma a palavra sim e outras a palavra não, a fim de, secretamente, serem recolhidos os votos. Na prática, o juiz manda que um dos Oficiais de Justiça distribua as cédulas com a palavra *sim* e o outro com a palavra *não*.

Após a distribuição das cédulas, o juiz lerá o quesito que deva ser respondido, e um dos Oficiais de Justiça determinado pelo juiz recolherá as cédulas com os votos dos jurados, e o outro, as cédulas não-utilizadas. O recolhimento das cédulas será feita pelo Oficial de Justiça, mediante uma urna ou receptáculo que assegure o sigilo da votação. Após a votação, ambos os oficiais devem colocar as cédulas na mesa, frente a todos, de sorte que o juiz possa verificar os votos.

De todo o procedimento será lavrado, pelo escrivão, um termo que será assinado pelo juiz, acusadores, defensores e oficiais de justiça.

A essa parte do julgamento devem estar presentes, além do juiz, os acusadores e defensores, os jurados, o escrivão e os dois oficiais de justiça. Desde que autorizados pelo juiz e com a concordância dos acusadores e defensores, poderá ser assistida também por acadêmicos de Direito.

Os oficiais de justiça ficarão de pé, um ao lado do outro, à disposição do juiz até o encerramento da sessão, quando será procedida a leitura da sentença. Caso seja determinado o recolhimento do réu ao presídio, ficará o oficial incumbido dessa providência. Será prudente que se faça acompanhar por policiais quando conduzir o preso.

22. Crimes praticados contra a Administração Pública

Neste capítulo, comentamos alguns crimes elencados no Código Penal. São eles: peculato (art. 312), corrupção passiva (art. 317), corrupção ativa (art. 333) e resistência (art. 329).

22.1. PECULATO

"Art. 312. Apropriar-se o funcionário público de dinheiro, valor ou qualquer outro bem móvel, público ou particular, de quem tem posse em razão do cargo, ou desviá-lo, em proveito próprio ou alheio:
Pena - reclusão, de 2 (dois) a 12 (doze) anos, e multa.
§ 1º. Aplica-se a mesma pena, se o funcionário público, embora não tendo a posse do dinheiro, valor ou bem, o subtrai, ou concorre para que seja subtraído, em proveito próprio ou alheio, valendo-se de facilidade que lhe proporciona a qualidade de funcionário.
§ 2º. Se o funcionário concorre culposamente para a prática do crime de outrem:
Pena-detenção, de 3 (três) meses a 1 (um) ano.
§ 3º. No caso do parágrafo anterior, a reparação do dano, se precede à sentença irrecorrível, extingue a punibilidade; se lhe é posterior, reduz de metade a pena imposta."

Trata-se de um crime cujo sujeito ativo é funcionário público, seja da administração direta, indireta, de qualquer das entidades da federação (União, Estados, Municípios).

Configura-se o peculato quando o funcionário se apropria ou desvia, em proveito próprio ou alheio, qualquer bem público móvel do qual tenha a posse legítima. Exemplo: apropriar-se de uma cadeira da repartição e levá-la para casa. Se for bem imóvel, não se tipifica o crime.

O bem pode ser dinheiro nacional ou estrangeiro. Esta posse legítima deve emanar do cargo público. Como lembra Paulo José da Costa Jr. (*Comentários ao Código Penal*, 1996, p. 989): "A lei se refere à 'posse em razão do cargo'" e não "'em razão do exercício de função pública'", como anota Hungria. Assim, se se confiar a um amigo, que é fiscal do Imposto de Renda, uma soma para saldar um débito, apropriando-se ele da quantia, não há peculato, mas apropriação indébita". Neste exemplo podemos verificar que o *cargo* de fiscal destina-se a fiscalizar, e não a receber dinheiro para saldar débitos. Função Pública é diverso de cargo público. Exemplo: Oficial de Justiça é um cargo público. As funções que desempenhará o oficial estão reguladas por lei, tais como realizar citações, efetuar penhora, etc. Assim, se um Oficial de Justiça vier a apropriar-se dolosamente de uma soma ou de qualquer bem móvel em proveito próprio ou alheio em razão de suas atividades, cometerá o crime de peculato.

A pena cominada a este crime é alta. Poderá chegar a 12 anos de reclusão. É claro que dificilmente será aplicada a um funcionário público a pena máxima, tendo em vista que as penas são dosadas próximas do mínimo legalmente previsto e, se as condições são desfavoráveis ao réu, chegará a *quantum* intermediário.

O sujeito ativo, ou seja, aquele que responderá pelo delito, é o funcionário público, mas também poderá ser uma pessoa que não seja detentora de cargo ou função pública. Para isto, basta que a pessoa estranha ao serviço público pratique o crime como co-autora ou tenha de qualquer maneira nele participado.

Lembramos o que seja co-autoria e participação:

Co-autoria é a execução do crime com a divisão de tarefas. Em última análise, é a própria autoria. O autor executa o delito com os seus comparsas. Deve haver o pleno conhecimento de todos da realização do crime, mas não precisa haver acordo prévio. Como ensina Cezar Roberto Bitencourt (*Teoria Geral do Delito*, 1997, p. 265), "Co-autoria é a realização conjunta, por mais de uma pessoa, de uma mesma infração penal."

Participação é quando o agente não pratica atos executórios, mas pratica atividade que contribui para o surgimento do crime. Ensina Damásio de Jesus (*Direito Penal*, Parte geral, 1979, p. 369): "Autor é quem executa o comportamento descrito pelo núcleo do tipo (quem mata, subtrai, etc.); partícipe é o agente que acede a sua conduta à realização do crime, praticando atos diversos dos do autor. Assim, se A instiga B a matar C, o primeiro é partícipe e o segundo, autor". Dentre as formas de participação reconhecidas pela doutrina, destacamos a instigação e cumplicidade. Ocorre a instigação quando o partícipe atua sobre a vontade do autor, ou seja, estimula, reforça idéia criminosa existente de outra pessoa. Já a cumplicidade se realiza pela contribuição material, como por exemplo, o empréstimo de uma arma para o crime de homicídio. Exemplificamos: um funcionário público instiga (entusiasma) um colega para que este se apodere de uma máquina de escrever na repartição pública em que trabalham. O colega, no momento de se apoderar da máquina, convida uma colega para ajudá-lo a carregar a máquina. O instigador cometerá o crime de peculato por participação. Os outros dois praticaram o mesmo crime: um como autor e a colega (que ajudou a se apossar da máquina) como co-autora.

Dessarte, aquele que, mesmo não sendo funcionário público, poderá concorrer para este crime. Como ensina

Paulo José da Costa Jr. (obra já citada, pág. 989): "Sendo tal qualidade elementar do crime, comunica-se aos co-autores. Desse modo, havendo concurso de pessoas em que ao menos um dos co-autores seja funcionário, os demais agentes poderão ser particulares. "Exemplo: Tício, funcionário público, apropria-se de uma máquina de calcular da qual tem a posse em razão do cargo. A máquina está em uma sala em sua repartição. Tício convida Mévio, seu amigo, *que não é funcionário público*, para se apropriarem do bem em proveito deles próprios. Resultado: Tício, funcionário público, praticou peculato. Mévio incorreu no mesmo crime. Ambos são peculatários (art. 312, *caput*, do Código Penal). Todavia, caso eles resolvessem entrar à noite na repartição, arrombando as portas, não praticariam peculato, mas furto qualificado. É que neste caso não se valeu da condição de funcionário público.

No § 1º do artigo 312 verifica-se a hipótese de peculato-furto. Neste caso, o funcionário público não tem a posse da coisa móvel. Ele vale-se da condição de funcionário para subtrair a *res* (coisa). Diferencia-se do peculato já mencionado pela simples razão de que naquele o funcionário deve ter a posse do bem e neste não. Quando falamos em posse, não significa que a coisa esteja sempre em poder do funcionário ou esteja em sua residência. O sentido de posse, neste caso, significa que o bem móvel público esteja de qualquer maneira confiado ao funcionário e à repartição em que trabalha. Pode ser uma cadeira, uma mesa, uma máquina, um ventilador, dinheiro, enfim, qualquer bem. Pode ser inclusive bem particular, desde que seja recebido em razão do cargo. Exemplo: uma pessoa que exerce o cargo de marceneiro em uma prefeitura municipal. Caso ele se apropriar de uma máquina que o Município tenha alugado para serrar madeira, cometerá peculato o marceneiro funcionário público. Assim, caso a apropriação ou o desvio refira-se a bem móvel que não esteja na posse do agente, cometerá peculato-furto. Exemplo: Mévio apossa-se indevidamente de um computador que está em outra seção ou em outro prédio público. Neste exemplo, verificamos que o funcionário público não tinha a posse, pois o computador não estava-lhe confiado em razão do cargo, mas estava em outra repartição, sendo um bem público.

Portanto, a diferença entre peculato e peculato-furto é: no peculato, o agente tem a posse. Já no peculato-furto, não tem. No primeiro, o agente se apropria ou desvia. No segundo, ele subtrai (furta) em razão do cargo. As penas previstas para o peculato-furto são as mesmas do peculato do *caput* do art. 312 do CP (reclusão de 2 a 12 anos e multa)

Temos ainda o peculato culposo. Este é previsto no § 2º do artigo 312. Nesta modalidade, a pena é menor: detenção de 3 meses a um ano. Verifica-se quando o funcionário concorre culposamente para a prática do crime de peculato praticado por outra pessoa. O funcionário age com culpa. Não tem a intenção de que o bem público seja apropriado ou desviado. Mas tal fato ocorre justamente por falta de cuidado necessário. Paulo José da Costa Jr. (ob. cit., p. 995), mencionando Antonio Vicente Arenas (*Comentários al código penal colombiano*, 1959):

> "Para que se configure peculato culposo, são necessárias duas condições: que a culpa do funcionário tenha servido para que um terceiro se aproveite dolosamente da negligência ou descuido; e que não exista acordo entre o funcionário e o terceiro porque então o peculato seria doloso."

Como exemplo, podemos citar o fato daquele funcionário que por culpa (descuidando-se) permite que outro funcionário se aproprie de uma mesa da repartição. O primeiro cometerá peculato culposo (agiu com culpa, não queria o resultado). Já o segundo incidirá no crime de peculato doloso (agiu com dolo; com a intenção de apropriar-se). Nesta modalidade, caso a reparação do dano se proceda até a data da sentença irrecorrível, há a extinção da punibilidade, ou seja, o agente que agiu com culpa livra-se da condenação. Se a reparação for posterior, a pena imposta é reduzida de metade.

22.2. CONCUSSÃO

"Art. 316. Exigir, para si ou para outrem, direta ou indiretamente, ainda que fora da função ou antes de assumi-la, mas em razão dela vantagem indevida: Pena - reclusão, de 2 (dois) a 8 (oito) anos, e multa".

Este delito caracteriza-se pela exigência de vantagem indevida que o funcionário público faz a outrem, para si ou para qualquer outra pessoa, em razão da função pública.

O agente não necessita ter assumido o cargo ou função, nem mesmo precisa estar em exercício, pois basta uma relação entre a *exigência* com a função pública que o agente criminoso irá exercer. É o que a doutrina chama de nexo causal. Exemplo: um fiscal público já nomeado, mas que ainda não tomou posse, se vale da função que exercerá e exige dinheiro de uma pessoa para omitir uma situação irregular dela.

Trata-se de um crime formal, isto é, se consuma plenamente com a simples exigência da vantagem indevida. Não necessita que o funcionário efetivamente receba o valor. A obtenção da vantagem enseja o chamado exaurimento do crime. Assim, não admite tentativa, uma vez que a exigência caracteriza a realização integral do tipo penal, ou seja, a configuração do crime.

22.3. CORRUPÇÃO PASSIVA

"Art. 317. Solicitar ou receber, para si ou para outrem, direta ou indiretamente, ainda que fora da função ou antes de assumi-la, mas em razão dela, vantagem indevida, ou aceitar promessa de tal vantagem:

Pena - reclusão, de 1 (um) a 8 (oito) anos, e multa.

§ 1º. A pena é aumentada de um terço, se, em conseqüência da vantagem ou promessa, o funcionário retarda ou deixa de praticar qualquer ato de ofício ou o pratica infringindo dever funcional.

§ 2º. Se o funcionário pratica, deixa de praticar ou retarda ato de ofício, com infração de dever funcional, cedendo o pedido ou influência de outrem:

Pena - detenção, de 3 (três) meses a 1 (um) ano, ou multa."

É um delito semelhante ao de concussão. Entretanto, na corrupção passiva não há a exigência da vantagem indevida, mas *solicitação*, o que é diverso. Além disso, é um crime em que há dois verbos nucleares, ou seja, solicitar ou receber. Assim, basta que o funcionário público receba qualquer vantagem indevida e que tal vantagem seja obtida em razão da função pública. Se, em conseqüência do recebimento desta vantagem, o funcionário retarda ou deixa de praticar um ato de ofício, ou mesmo pratica o ato infringindo dever funcional, a pena é aumentada de um terço.

A lei exige que esteja relacionada a obtenção da vantagem com a função pública, que pode ser até mesmo aquelas denominadas de funções honoríficas, isto é, funções transitórias e, em geral, desempenhadas de forma gratuita, como a de jurado, mesário. Assim, como observa Paulo José da Costa Júnior (*ob. cit.*, p. 1.014):

"A função pública pode ser exercida até mesmo pelo jurado, que pode responder por concussão, corrupção, ou prevaricação, consoante dispõe o art. 438 do Código de Processo Penal."

Deverá ter a vantagem expressão econômica, em proveito do agente ou de terceira pessoa, mas sempre deve ser indevida, ilícita. O crime se consuma com a simples solicitação ou com o recebimento da dita vantagem.

22.4. CORRUPÇÃO ATIVA

"Art. 333. Oferecer ou prometer vantagem indevida a funcionário público, para determiná-lo a praticar, omitir ou retardar ato de ofício:
Pena - reclusão, de 1(um) a 8 (oito) anos, e multa.
Parágrafo único. A pena é aumentada de um terço, se, em razão da vantagem ou promessa, o funcionário retarda ou omite ato de ofício, ou o pratica infringindo dever funcional."

É também um crime formal, pois se consuma com o simples oferecimento ou a promessa de vantagem a funcionário público para que ele pratique, omita ou retarde ato de ofício.

O delito é autônomo. Não é necessário que haja também a configuração do crime de corrupção passiva. Até pode ocorrer a realização dos delitos simultaneamente, quando um particular oferece vantagem indevida a um funcionário público, e este a aceita. Neste caso, aquele que ofereceu a vantagem pratica corrupção ativa, e o funcionário que a recebeu fica incurso no crime de corrupção passiva.

Portanto, se uma pessoa oferecer qualquer vantagem indevida a um funcionário público para que ele pratique ato em benefício dela ou mesmo para que omita ou retarde ato de ofício, ficará esta pessoa (a que ofereceu a vantagem) sujeita até mesmo à prisão em flagrante pelo crime de corrupção ativa pelo próprio funcionário, que é vítima indireta.

É comum, principalmente na imprensa, a confusão acerca da distinção dos crimes de corrupção ativa, corrupção passiva e concussão. Explicamos: corrupção passiva é crime próprio de funcionário público, seja de que espécie for. Já a corrupção ativa é crime que pode ser realizado por qualquer pessoa. Na corrupção passiva, o funcionário *solicita* a vantagem. Na concussão, ele *exige* a vantagem.

22.5. RESISTÊNCIA

"Art. 329. Opor-se à execução de ato legal, mediante violência ou ameaça a funcionário competente para executá-lo ou a quem esteja prestando auxílio:
Pena - detenção, de 2 (dois) meses a 2 (dois) anos.
§ 1º - Se o ato, em razão da resistência, não se executa:
Pena-reclusão, de 1 (um) a 3 (três) anos.
§ 2º - As penas deste artigo são aplicáveis sem prejuízo das correspondentes à violência."

Este é um crime praticado por particular contra a administração pública em geral.

Qualquer pessoa pode incidir neste tipo penal, cujo sujeito passivo primário é o Estado, e o sujeito passivo secundário é o funcionário público no exercício de suas funções. Qualquer obstrução, agressão, ameaça, impedimento ao cumprimento de ato de ofício de funcionário público ou de quem o esteja auxiliando é considerado resistência. Se houver lesão corporal no funcionário, configurará também o crime de lesão corporal (concurso material de crimes). Assim, um empurrão em um Oficial de Justiça, impedindo-o de que realize ato legal de ofício, caracteriza-se o crime de resistência, e a pessoa que resiste à ordem judicial poderá ser presa em flagrante delito, devendo o Oficial observar as formalidades legais e conduzi-la à Autoridade Policial para a competente lavratura do auto de prisão em flagrante.

23. *Juizados Especiais Cíveis e Criminais*

A Lei nº 9.099/95, que trata dos Juizados Especiais Cíveis e Criminais, revoluciona o Poder Judiciário em todo o país. De um lado, deixa o excesso de formalismo para aproximar a Justiça da população, como é o caso de ações cíveis, na esfera do Juizado Especial Cível, que, em determinadas causas e valores as partes não necessitarão de um advogado; de outro, proporciona ao cidadão lesado, nos chamados crimes de menor potencial ofensivo, a oportunidade de disposição da ação, condicionando determinadas ações à representação do ofendido.

O Juizado Especial Cível tem competência para conciliação, processo e julgamento das causas cíveis de menor complexidade. As citações e intimações far-se-ão por correspondência, com aviso de recebimento, ou, sendo necessário, por Oficial de Justiça, conforme preceitua o inciso III do artigo 18 da referida lei, *verbis*: "sendo necessário, por oficial de justiça, independentemente de mandado ou carta precatória". Portanto, poderá o Oficial de Justiça realizar a citação independentemente de mandado por ordem do Juiz togado do respectivo Juizado. No processo executivo, efetuada a penhora, o devedor será intimado a comparecer à audiência de conciliação e poderá, nesta sessão, oferecer embargos por escrito ou verbalmente. Sendo o final do processo e ainda não houver a penhora realizada, e, no caso de expedição de mandado de penhora, realizada esta, será o devedor intimado para embargá-la no prazo de 10

O OFICIAL DE JUSTIÇA 115

dias, pois aplica-se, no que couber, o disposto no Código de Processo Civil, com as alterações mencionadas naquela lei, que nos cabe aqui analisar. É importante ressaltar que a dita lei não dispõe sobre a avaliação de bem penhorado. Pensamos que cabe ao Oficial de Justiça efetuar pessoalmente a avaliação, porquanto o espírito da lei é atender principalmente aos critérios da informalidade, economia processual e celeridade. Mas não poderá ser este serventuário responsabilizado, caso a avaliação (denominada impropriamente pelo legislador de estimativa) esteja além ou aquém do valor de mercado do bem. É que o Oficial de Justiça não é perito oficial. No caso de dúvida, deverá o juiz togado determinar seja o bem avaliado pelo perito oficial, tal como dispõe no Código de Processo Civil.

Já os Juizados Especiais Criminais têm competência para a conciliação, o julgamento e a execução das infrações penais de menor potencial ofensivo. Consideram-se infrações de menor potencial ofensivo as contravenções penais e os crimes a que a lei comine pena máxima não superior a um ano, excetuados os casos em que a lei preveja procedimento especial. A intimação far-se-á por correspondência com aviso de recebimento, ou, sendo necessário, por Oficial de Justiça, independentemente de mandado ou carta precatória, ou ainda por qualquer meio idôneo de comunicação (art. 67). A citação será sempre pessoal e far-se-á no próprio juizado, sempre que possível, ou por mandado. No caso de ser ela realizada no próprio juizado, pode ser efetivada por qualquer de seus funcionários. Portanto, se for realizada fora dali, realizar-se-á através de mandado e, conseqüentemente, por Oficial de Justiça. O mandado citatório, por sua vez, deve obedecer aos requisitos do art. 352 do Código de Processo Penal, ou seja: o nome do Juiz; o nome do querelante nas ações iniciadas por queixa; o nome do réu ou, se for desconhecido, os seus sinais característicos; a residência do réu, se for conhecida; o fim para que é feita a citação; o juízo e o lugar, o dia e a hora em que o réu deverá comparecer; a subscrição do Escrivão e a rubrica do Juiz. De outra banda, deve a citação por mandado obedecer aos requisitos do art. 357 do mesmo diploma legal: a leitura do mandado ao citando pelo Oficial e entrega da contrafé, na qual se mencionarão dia e hora da citação; a declaração do Oficial, na certidão, da entrega da contrafé, e sua aceitação ou recusa. Já a citação realizada no próprio juizado, por qualquer funcionário do *juizado*, até mesmo pelo juiz, bastará a simples entrega ao acusado de cópia da denúncia ou queixa. Conforme ensina Cezar Roberto Bitencourt (*Juizados Especiais Criminais e Alternativas à Pena de Prisão*, 1996), *verbis:*

> "Curiosamente, o mandado de citação, com suas formalidades referidas, pode ser dispensado e substituído por cópia da inicial - denúncia ou queixa - nos termos do artigo 78. Parece-nos, também, que esta seria uma das formas de citar-se o acusado 'no próprio juizado', como refere o artigo 66. Esta hipótese, no entanto, somente existirá se o acusado comparecer, por alguma razão, à sede do juizado."

Outro ponto que merece uma reflexão é o da prisão em flagrante. Ocorre que nas denominadas infrações de menor potencial ofensivo (contravenções e crimes cuja pena máxima não seja superior a um ano) não poderá mais ocorrer prisão em flagrante, se o autor do fato for encaminhado imediatamente ao Juizado ou assumir o compromisso de a ele comparecer. É o que deflui do art. 69 e seu parágrafo único da Lei dos Juizados:

> "Art. 69 - A autoridade policial que tomar conhecimento da ocorrência lavrará termo circunstanciado e o encaminhará imediatamente ao Juizado, com o autor do fato e a vítima, providenciando-se as requisições dos exames periciais necessários.
> Parágrafo único - Ao autor do fato que, após a lavratura de termo, for imediatamente encaminhado

ao Juizado ou assumir o compromisso de a ele comparecer, não se imporá prisão em flagrante, nem se exigirá fiança."

É o caso, por exemplo, do crime de lesão corporal leve (art. 129, *caput*, do CP - pena: detenção de 3 meses a 1 ano), que, pela nova lei, passou a depender de representação do ofendido. Caso o Oficial de Justiça, em cumprimento de um mandado, verificar que alguém praticou este delito, poderá prender esta pessoa em flagrante delito? Depende. Se a lesão corporal leve se der contra o Oficial de Justiça, ou mesmo contra terceiro, a fim de impedir a prática da diligência a que está incumbido o Oficial, esta lesão caracterizar-se-á como crime de resistência (art. 329 do CP - pena: detenção de 2 meses a 2 anos), caso em que caberá a prisão em flagrante. Caso contrário, quando a agressão se der contra outra pessoa, sem o intuito de obstar a diligência ou de se opor à execução de ato legal praticado pelo Oficial de Justiça, então não poderá o Oficial prendê-la. Restará lavrar certidão circunstanciada, que poderá servir de prova, caso a parte interessada (a pessoa agredida) vise a representar em juízo o agressor, levando o autor do fato à delegacia de polícia para a assinatura do compromisso ou encaminhamento ao Juizado Especial Criminal pela Autoridade Policial.

Não tínhamos este posicionamento em edição anterior, mas com a sedimentação da jurisprudência, concluímos que o autor do fato criminoso de menor potencial ofensivo cometido diante do Oficial de Justiça mesmo nos crimes que dependam de representação, deverá ser conduzido pelo Oficial à delegacia de polícia, onde serão tomadas todas as providências necessárias pelo Delegado de Polícia, única pessoa competente para presidir o termo circunstanciado.

24. *Precauções do Oficial de Justiça*

Ser Oficial de Justiça é emocionante. Certamente, é a profissão nobre que se reveste de dinamismo e entusiasmo. Os vencimentos pagos na maioria dos Estados brasileiros são razoáveis, senão satisfatórios, além de o Oficial não ter de cumprir horário *"trancado"* em uma sala.

Contudo, certas precauções devem ser seguidas pelo Oficial de Justiça, tanto no que concerne à segurança pessoal como no caso do tratamento dispensado às partes, colegas, Magistrados, Promotores de Justiça, advogados, enfim, com as pessoas que os cercam.

O Oficial de Justiça é servidor público e tem o dever funcional de tratar qualquer pessoa com urbanidade. Deve fazer prevalecer o respeito e o bom-senso.

É evidente que, em certos casos, deve o Oficial agir com rigor necessário, dentro dos limites legais, quando houver resistência empregada pelo réu, por exemplo.

O emprego de força policial, algemas, colete identificando o Oficial de Justiça, uso de arma ostensiva, tudo isso pode ser necessário para que um mandado seja cumprido, sob pena de o mandamento judicial não se realizar.

O Oficial de Justiça deve estar cônscio de que trabalha para o Poder Judiciário, e que qualquer falha sua poderá prejudicar o bom nome da instituição a que pertence.

Deve usar trajes compatíveis com o cargo que exerce e atender ao público de forma cordial, respeitosa, primando pelo cumprimento adequado das ordens judiciais.

Não tem o Oficial a incumbência de aconselhar as partes. O que deve fazer é ler o mandado e falar pouco, o mínimo necessário para que o ouvinte entenda o conteúdo da ordem judicial. Exemplo: se o Oficial de Justiça aconselhar o réu a vender o imóvel para pagar a dívida locatícia estará interferindo na vida particular dele.

Ser cordial é uma qualidade boa, mas conselheiro não. Não podemos esquecer que Oficial de Justiça não é assistente social, sacerdote, psicólogo, juiz. Sua missão é cumprir as ordens judiciais e nada mais.

Com referência aos superiores, que são somente os Magistrados, tem de cumprir suas ordens sem questioná-las, salvo se forem ilegais.

O bom relacionamento com os advogados e com os colegas também é fator importante para que o Oficial se destaque. Entre colegas Oficias deve prevalecer a união e a fraternidade, um auxiliando o outro, sob pena de comprometer o bom andamento do serviço.

24.1. SEGURANÇA PESSOAL DO OFICIAL DE JUSTIÇA

Cautela é primordial ao cumprir um mandado. A segurança pessoal do Oficial de Justiça deve prevalecer sempre.

São vários os fatores que auxiliam o Oficial *"a não se meter em encrenca"*.

Inicialmente, é de bom alvitre lembrar que deve haver prudência deste servidor no sentido de se fazer acompanhar por força policial sempre que necessário. Contudo, situações difíceis ocorrerão em que estará desprovido o Oficial de força pública. Às vezes, surgem problemas repentinamente, até mesmo em cumprimento a um simples mandado de intimação. É de suma importância o bom-senso e a calma por parte do Oficial de Justiça.

Trago à baila apenas um exemplo, fato ocorrido quando desempenhava as funções de Oficial de Justiça: era um dia como qualquer outro, à tarde, quando eu estava cumprindo um mandado de intimação. Bati palmas, e no pátio da casa havia pessoas que estavam comendo melancias. Eram algumas senhoras e um homem. As frutas estavam sobre uma mesa. Apresentei-me, anunciando que procurava a pessoa nominada no mandado. O homem que comia melancias respondeu em voz áspera que o procurado era o seu pai e que eu deveria me retirar. Neste momento, eu já estava no pátio, uma vez que legalmente provido de um mandado judicial. Respondi àquele homem que o fato não lhe dizia respeito, e que o mandado judicial deveria ser cumprido. Então, com um facão afiado, tal sujeito começou a cortar repentinamente uma das melancias, dividindo-a em vários pedaços, com a insinuação de que eu deveria me retirar, proferindo ofensas à minha pessoa. Foi realmente o que fiz.

A retirada, em muitos casos, é um estratégia importante. É evidente que o fato foi imediatamente comunicado ao Juiz em informação separada. Retornei ao local com força policial. Cumpri o mandado. O tal indivíduo não estava mais em casa. De qualquer forma, tal pessoa foi posteriormente identificada pela polícia, indiciado e processado pelo crime de desacato.

Surgirão situações em que nem mesmo a retirada imediata do Oficial de Justiça é possível. Sua vida e a de terceiros poderá correr sérios riscos. Para suprir esta possibilidade, é importante que este servidor porte arma em serviço. Para tal desiderato, deve o Oficial atender aos requisitos legais para o porte, em que, dentre outros, deve ter capacidade técnica no manejo da arma. O porte pode ser solicitado pelo Juiz à Polícia Civil, mediante requerimento do Oficial de Justiça, demonstrando a necessidade, em razão da profissão.

É importante que o Oficial de Justiça faça treinamento periódico em tiro, a fim de se qualificar cada vez mais. Nada impede que o porte de arma seja ostensivo em serviço, mormente em situações difíceis, como na realização de prisões, buscas, separações de corpos, reintegração de posse, etc.

25. Gírias empregadas por criminosos

O Oficial de Justiça presta um trabalho de relações públicas. A comunicação com pessoas de diversos níveis sociais faz com que o conhecimento em gírias seja importante, na medida em que o Oficial de Justiça entra em lugares com baixo nível social, onde o vocabulário popular é fluente entre as pessoas.

Apresentamos algumas gírias muito empregadas por criminosos:

VAGO - marginal, criminoso.
CHINELO, CHIBUNGO - pessoa vulgar.
BAIA - casa
MÃO, FAZER UMA MÃO - praticar um crime
CAMINHADA - realizar investigações
CANO, BERRO, PESADA, OITÃO, MATRACA - armas
BAGULHO - cocaína, objeto de crime
BRANCA, FARINHA - cocaína
BRILHO - jóia, entorpecente
TROUXINHA - porção de entorpecente
ARPÃO - seringa
CANOS - veias dos braços
PRETINHA - maconha
MARICA - objeto para fumar maconha
VAPOZEIRO, VAPOR - pessoa que vende droga na esquina
DOZE, TRAFI, PATRÃO - traficante de drogas
DEZESSEIS - consumidor de drogas
MAGNATA - financiador de drogas
BRONCA - envolvimento em delitos
ESQUENTAR UM BRONCA - indiciar, processar
DUQUE TREZE - estuprador
GANSO, ABAJUR - informante

PAPELEIRO - estelionatário
ARARA - empresa fantasma
CANA DURA - prisão sem chance de fuga
CONFIRMADO - colaborador da Justiça ou da Polícia, mas não quer nada em troca
PEIXE - amigo
NAVE, VTR - viatura policial
SEGUNDA - automóvel utilizado em assalto
MOTORA - motorista
ROBÔ - pessoa utilizada pelo criminoso para assumir a responsabilidade de um crime que não cometeu
SOLDADO - aquele que presta segurança a criminoso
BIQUEIRO, OLHEIRO - vigilante de criminoso
PIRELI - criminoso que foge a pé
FOI AO MUNDO - criminoso que foge
FAZER UM BRIC - trocar objeto de crime
BRONZE - telefonar
DOCUMA - documento, papel
DESTAPAR - descobrir um fato
LOQUE - pessoa ingênua
DAR UMA LUZ - dar uma idéia
VOU TE DAR A MORTA - dizer a verdade
PORTA FRIA - informação falsa
EMBAÇAR - situação ruim
FAZER UM BICO - observar
NÃO EXISTE - pessoa inútil
DAR UMA GUELA - dar uma chance
A CASA CAIU - tudo perdido, situação sem saída
JAÚ - morto
ABRIR O VAGO - obter a verdade do criminoso
TE LIGA - ficar esperto
UNHA GRANDE - criminoso que não respeita a Justiça nem a Polícia
LAGE - rosto
RECUNHA - reconhecer alguém
FILMAR - olhar, avistar
SUJOU - situação fora de controle
O SEU - forma respeitosa com que o criminoso se dirige às autoridades
O MEU - forma com que o criminoso se dirige a seus comparças
OS HOME - Juiz, Policial, Oficial de Justiça
TÁ NA MÃO - prisão bem sucedida
APAGAR, BAIXAR - matar alguém
MOCÓ - esconderijo

26. Tatuagens usadas por delinqüentes

Os presidiários, em nosso país, vivem um mundo à parte. Nas cadeias criam "leis próprias". Os detentos rejeitam estupradores, homicidas de crianças e os que praticaram crimes bárbaros. Para distigui-los, usam tatuagens que são criadas pelos próprios presos, sem o conhecimento das autoridades.

Além disso, muitos detentos usam as tatuagens para atemorizar, na tentativa de impor seu poder e respeito frente a outros presidiários.

Esses detentos, ao deixarem a cadeia, estarão nas ruas carregando suas marcas, portanto, é importante conhecer algumas tatuagens, pois tal fato pode auxiliar o Oficial de Justiça na localização do réu através destas características, identificando-o em caso de oculto, para evitar a citação, e principalmente como precaução.

É evidente que pelo fato de alguém estar tatuado com as marcas que identificaremos a seguir, não significa que esta pessoa seja criminosa, pois as tatuagens são admiradas por muitas pessoas que têm o direito de usá-las, escolhendo a figura que lhes convir.

Descrevemos as principais tatuagens e suas características que na maioria das vezes são usadas pelos criminosos:

1) **Tatuagens nas mãos:** geralmente na região próxima ao polegar, parte superior, pontos do tamanho aproximado de um furo de um prego grande.

a) *um ponto*: furto, punga (pungista) e estelionato (arts. 155 e 171 do Código Penal).

b) *dois pontos, um próximo ao outro*: estupro e atentado violento ao pudor (art. 213 e 214 do Código Penal).

c) *três pontos, próximos, como em dado de jogo*: tráfico ou consumo de drogas.

d) *quatro pontos, um próximo ao outro, como em um dado de jogo*: furto simples.

e) *dez pontos, sendo uma fileira de cinco pontos cruzada com outra:* homicídio (art. 121 do Código Penal).

f) *cinco pontos, como em um dado de jogo*: roubo com uso de arma (art. 157 do Código Penal).

g) *cinco pontos, como em um dado de jogo dentro de uma circunferência, com mais quatro pontos em volta do círculo*: chefe de quadrilha.

2. Tatuagens nos braços, ombros e tórax:

a) *desenho de Nossa Senhora Aparecida:* elemento de alta periculosidade.

b) *cruz de calvário*: indivíduo homicida e assaltante. Havendo pontos em volta da tatuagem, quer dizer o número de roubos e homicídios realizados, alta periculosidade.

c) *desenho de uma cabeça (caveira) com um punhal penetrado no centro:* homicida de policial, alta periculosidade.

d) *desenho de uma borboleta ou de um coração com uma flecha:* homossexual.

e) *uma serpente ou duas serpentes cruzadas:* dedo duro.

f) *desenho de um túmulo com uma cruz:* corpo fechado.

3. Tatuagens geralmente nos braços ou pernas:

a) *âncora*: esperança, proteção ou segurança.

b) *espada de São Jorge*: proteção (ceita africana).

c) *espadas cruzadas:* proteção.

Conclusão

Para o bom andamento dos feitos, são necessárias a observância da lei e a dedicação do Oficial de Justiça.

O Oficial de Justiça deve praticar os atos em boa ordem e com bom-senso, para que o Poder Judiciário possa cumprir seu importante papel na sociedade.

A evolução das relações sociais reclama mudanças imediatas nas leis processual civil e penal, hoje defasadas em razão do considerável aumento do número de demandas em relação à época da promulgação dessas leis.

A lei tem que ser estabelecida genericamente, de modo abstrato, não podendo, por conseguinte, prever as implicações de cada caso concreto. Entretanto, as leis processuais vigentes deixam muito a desejar: ora não disciplinam certos atos, ora estabelecem normas de procedimento que estão aquém da realidade social vigente no país.

Ao especificar os atos dos meirinhos, esta obra mostra como a Justiça cumpre sua nobre missão. Esses serventuários têm muitas e importantes atribuições que nem sempre conseguem cumprir a contento em razão das deficiências das leis processuais, como já dissemos. Cabe-lhes, em caso de omissão legal, exercer suas funções com bom-senso. Procuramos apontar como se pode agir dessa maneira, apresentando diversos casos e as soluções respectivas.

SEGUNDA PARTE

Prática

1. RESISTÊNCIA

Quando houver resistência por parte do réu ou de qualquer pessoa que tente impedir o cumprimento do mandado, deve o Oficial de Justiça efetuar a prisão em flagrante e conduzir o preso à delegacia de polícia para a lavratura do auto de prisão em flagrante, sem prejuízo da certidão circunstanciada no verso do mandado. O auto de prisão é lavrado pela autoridade policial, e a certidão é lavrada pelo Oficial de Justiça e exarada no mandado ou em folha separada.

Entretanto, o Oficial de Justiça deve ser coerente, identificando se é ou não cabível a realização da prisão. Deve, primeiramente, advertir a pessoa que resiste, mencionando a possibilidade de prendê-la. Assim, persistindo a resistência, deverá prendê-la.

Exemplo:

CERTIDÃO

Certifico e dou fé que, em cumprimento ao mandado retro, me dirigi ao endereço indicado, a fim de (descrever o que determina o mandado) e aí sendo, após as formalidades legais, dei ciência a _____, de todo o conteúdo do mandado. Todavia, o sr. ... não acatou a determinação do mandado judicial , resistindo. Imediatamente adverti o sr. _____ que seria preso em flagrante caso persistisse na desobediência e resistência. O sr. _____ continuou a resistir e a desobedecer a ordem judicial, falando: " (descrever brevemente, entre aspas, o que disse a pessoa desobediente)"

Assim, não tive outra alternativa senão prender o sr. _____ levando-o à delegacia de polícia, sendo recebido o preso por ..., que assina abaixo (ou acima), para a lavratura do auto de prisão competente. É o que cabe certificar a Vossa Excelência.

(data e assinatura do Oficial de Justiça)
(assinatura do policial que recebeu o preso).

A prisão em flagrante deverá ser presenciada por duas testemunhas. Caso não exista testemunha no momento da realização da prisão em flagrante, deverá a entrega do preso na delegacia ser presenciada por duas testemunhas.

2. DILIGÊNCIA NEGATIVA

Existirão casos em que o Oficial de Justiça não encontrará a pessoa a ser citada, notificada ou intimada. Assim, deve o Oficial de Justiça circunstanciar minuciosamente a certidão.

Exemplo: um Oficial de Justiça é portador de um mandado de citação e, após diligências, não localiza o número da residência do réu, constatando que ele é desconhecido na rua indicada no mandado. Vejamos como poderia ser feita a certidão, após as diligências do Oficial de Justiça, que deve esgotar todos os meios possíveis para a localização do réu, diligenciando em residências e estabelecimentos comerciais.

CERTIDÃO

Certifico e dou fé que diligenciei na rua _____, constatando que não está descrita a numeração _____ em frente de nenhuma residência. Certifico, outrossim, que tomei informações em diversas casas, como em estabelecimentos comerciais, ou seja, na ... (descrever os locais em que tomou informações e, se possível, o nome das pessoas que as prestaram), constatando que o réu é desconhecido de todas as pessoas consultadas.

Sendo assim, após efetuar as diligências pertinentes, dou o réu _____ como em lugar incerto e não sabido atualmente.

(data e assinatura do Oficial de Justiça)

O Oficial de Justiça também pode diligenciar no cartório eleitoral da respectiva cidade, bem como nos órgãos públicos, tais como companhia de energia elétrica e companhia de abastecimento de água. Contudo, a diligência nesses órgãos é facultativa, pois muitos deles, em diversas cidades, exigem ofício para o fornecimento de qualquer dado. Além disso, em geral demoram a fornecer os dados, o que, em tese, prejudica o cumprimento de outros mandados. Qualquer expedição de ofício caberá ao cartório.

3. AUTO DE DESPEJO

Aos _____ dias do mês de _____ do ano de ____, em cumprimento ao mandado de **despejo**, extraído dos autos do processo nº ____, que _____ move contra _____, me dirigi ao endereço indicado, acompanhado pelo Oficial de Justiça _____ e pelas testemunhas _____ e _____ e sendo aí, efetuei o despejo do requerido.

Todos os móveis foram removidos e entregues ao depositário, sr. _____, que assinou abaixo (ou acima). Passo a descrever os móveis e objetos que guarneciam a residência: ... (descrever os bens).

De tudo lavrei este auto.

(assinatura dos Oficiais de Justiça)
(assinatura do depositário)
(assinatura das testemunhas)

Se houver necessidade de efetuar arrombamentos, tal fato deve ser mencionado no próprio auto de despejo ou em certidão. Caso o próprio despejado indique um lugar para o depósito de seus bens, o Oficial de Justiça poderá depositá-los nesse local, devendo o despejado assinar no mandado o recebimento dos bens. Pode assinar o recebimento qualquer pessoa da família ou terceiros que se responsabilizem.

4. AUTO DE AFASTAMENTO

Aos ____ dias do mês de _____ do ano de ____, em cumprimento ao mandado de **afastamento**, extraído dos autos do processo nº _____, que _____ move contra _____, me dirigi ao endereço indicado e, sendo aí, afastei do lar o réu (ou a ré), o qual (ou a qual) levou consigo seus objetos de uso pessoal, deixando o lar. De tudo lavrei este auto.

(assinatura do Oficial de Justiça)

Em regra, o mandado também determina a citação do réu (ou da ré). Caso o réu retorne ao lar incontinenti à saída do Oficial de Justiça, este poderá retornar ao local, afastando novamente o réu ou prendendo-o em flagrante por resistência, observando os requisitos legais. Caso o mandado já tenha sido devolvido, o Oficial de Justiça não mais pode retornar à residência, sem o mandado judicial competente, a fim de proceder a novo afastamento do réu (ou da ré). Nesse caso, a parte autora deverá procurar quem de direito: a autoridade policial, o promotor de Justiça ou o juiz de Direito.

5. AUTO DE EMBARGO DE OBRA

> Aos _____ dias do mês de _____ do ano de ____, em cumprimento ao mandado de **embargo de obra**, extraído dos autos do processo nº _____, que _____ move contra _____, me dirigi ao endereço indicado e, sendo aí, intimei os operários que estavam no local a que não continuassem a obra, sob pena de desobediência. A obra estava no seguinte estado: (descrever o estado da obra). Fui atendido, e a obra foi paralisada naquele momento. Todos ficaram cientes de tudo. De tudo lavrei este auto.
> (assinatura do Oficial de Justiça)

Após embargar a obra, o Oficial de Justiça deve citar o proprietário para contestar a ação no prazo de cinco dias. No momento do embargo da obra, caso o construtor esteja no local, também deve ser intimado a não prosseguir a obra sob pena de desobediência. Contudo, os operários e o construtor não precisam assinar.

6. CERTIDÃO DE CITAÇÃO DE PROPRIETÁRIO

Certifico e dou fé que citei o proprietário da obra, Sr. _____
_____, para contestar a ação no prazo de cinco dias. O citado
ficou ciente de tudo, assinando e recebendo as cópias.
(data e assinatura do Oficial de Justiça)
(assinatura do proprietário)

7. AUTO DE PENHORA E DEPÓSITO

Aos _____ dias do mês de _____ do ano de ____, em
cumprimento ao mandado **executivo**, que é extraído dos autos
do processo de execução nº _____, que _____ move
contra _____, me dirigi ao endereço indicado, após verificar em cartório que o devedor não pagou nem nomeou bens
à penhora e, sendo aí, após as formalidades legais, penhorei
o(s) seguinte(s) bem(ns) do devedor: ... (descrever minuciosamente os bens penhorados). Em seguida, depositei o(s) bem(ns)
em mãos de _____, que prestou compromisso, ficando
ciente do encargo, sob as penas da lei.
De tudo lavrei este auto.
(assinatura do Oficial de Justiça)
(assinatura do depositário)

Após a realização da penhora e do depósito, o Oficial de Justiça deve intimar o devedor para que embar-
gue, querendo, a execução, no prazo de dez dias, se ela
for comum, e de trinta dias se for fiscal. Além disso, no
caso de execução comum, o Oficial de Justiça deve fazer
uma estimativa aproximada do valor de mercado dos
bens penhorados. Tratando-se de execução fiscal, fará
uma avaliação desses bens. Esses atos serão certificados
no mandado, conforme modelo que apresentamos a seguir.

8. CERTIDÃO DE ESTIMATIVA (OU DE AVALIAÇÃO) DE BENS PENHORADOS

Certifico e dou fé que estimei (avaliei) os bens penhorados, conforme auto de penhora lavrado, da seguinte forma:
(descrição dos bens e dos respectivos valores)
(data e assinatura do Oficial de Justiça)

9. CERTIDÃO DE INTIMAÇÃO

Certifico e dou fé que intimei o devedor, Sr. _____
_____, para oferecer embargos no prazo de ... dias, querendo.
O devedor ficou ciente de tudo, assinando abaixo (ou acima)
(data e assinatura do Oficial de Justiça)
(assinatura do devedor)

10. AUTO DE IMISSÃO DE POSSE

Aos _____ dias do mês de _____ do ano de ____, em cumprimento ao mandado de **imissão de posse**, extraído dos autos do processo nº _____, que _____ move contra _____, me dirigi ao endereço indicado e, sendo aí, imiti o autor, Sr. _____, na posse do imóvel. O autor ficou ciente de tudo, assinando. De tudo lavrei este auto.
(assinatura do Oficial de Justiça)
(assinatura do imitido)

11. AUTO DE BUSCA E APREENSÃO DE MENOR

Aos ____ dias do mês de _____ do ano de ____, em cumprimento ao mandado de **busca e apreensão**, extraído dos autos do processo nº _____, que _____ move contra _____ _____, me dirigi ao endereço indicado, acompanhado pelo Oficial de Justiça _____ e pelas testemunhas _____ e _____ e, sendo aí, apreendi o menor de nome _____
Em seguida, entreguei o menor a _____, conforme determina o presente mandado, que o recebeu e assinou abaixo (ou acima). De tudo lavrei este auto.
(assinatura dos Oficiais de Justiça)
(assinatura de quem recebeu o menor)

12. AUTO DE BUSCA E APREENSÃO DE COISAS

Aos _____ dias do mês de _____ do ano de ____, em cumprimento ao mandado de **busca e apreensão**, extraído dos autos do processo nº _____, que _____ move contra __ _____, me dirigi ao endereço indicado, acompanhado pelo Oficial de Justiça _____ e pelas testemunhas _____ e _____, e, sendo aí, apreendi o(s) seguinte(s) bem(ns): _____ (descrever o bem apreendido e o estado de conservação). Em seguida, entreguei o(s) bem(ns) a _____ _____, conforme determina o presente mandado, que o recebeu e assinou abaixo (ou acima). De tudo lavrei este auto.
(assinatura dos Oficiais de Justiça)
(assinatura de quem recebeu o(s) bem(ns)

O auto de seqüestro é realizado nos moldes do auto de busca e apreensão, substituindo-se a palavra "apreendi" por "seqüestrei".

13. AUTO DE REINTEGRAÇÃO DE POSSE

Aos _____ dias do mês de _____ do ano de ____, em cumprimento do mandado de **reintegração de posse**, extraído dos autos do processo nº _____, que _____ move contra ___ _____, me dirigi ao endereço indicado e, sendo aí, reintegrei o autor, Sr. _____, na posse do imóvel. O autor ficou ciente de tudo, assinando. De tudo lavrei este auto.
(assinatura do Oficial de Justiça)
(assinatura do reintegrado)

O auto de manutenção de posse é lavrado nos mesmos moldes do auto de reintegração de posse, substituindo-se a palavra "reintegrei" por "manuteni".

O OFICIAL DE JUSTIÇA 137

14. AUTO DE RECOLHIMENTO DE BENS

> Aos ____ dias do mês de _____ do ano de ____, em cumprimento ao mandado de **recolhimento de bens**, que é extraído dos autos do processo nº _____, que _____ move contra _____, me dirigi ao endereço indicado, e, sendo aí, após as formalidades legais, recolhi o(s) seguinte(s) bem(ns):... [descrever o(s) bem(ns)]. Em seguida, depositei o(s) bem(ns) em mãos de _____, que assinou, ficando ciente de tudo. De tudo lavrei este auto.
> (assinatura do Oficial de Justiça)
> (assinatura de quem recebeu o(s) bem(ns).

O recolhimento de bens tem o mesmo significado de uma substituição de depositário, geralmente requerido pelo autor ou em virtude de determinação do juiz, quando o bem for levado a leilão judicial.

15. AUTO DE ARRESTO
(em processo de execução)

> Aos ____ dias do mês de _____ do ano de ____, em cumprimento ao mandado extraído dos autos do processo de execução nº _____, que _____ move contra _____, após procurar o devedor e não encontrá-lo por (descrever minuciosamente o motivo), coube a este Oficial de Justiça arrestar o(s) seguinte(s) bem(ns)... (descrever os bens que arrestou e seu estado de conservação se for bem móvel). Em seguida, depositei o(s) bem(ns) em mãos de _____, que ficou ciente de tudo, assinando abaixo (ou acima). De tudo lavrei este auto.
> (assinatura do Oficial de Justiça)
> (assinatura do depositário)

Após arrestar o(s) bem(ns), o Oficial de Justiça deverá procurar o devedor nos dez dias seguintes a sua efetivação, lavrando certidão. Neste ínterim, o Oficial de Justiça deve procurar o devedor três vezes, no mínimo.

16. CERTIDÃO DE PRISÃO PENAL

Certifico e dou fé que diligenciei e prendi o réu..., entregando-o no presídio local, sendo o mesmo recebido pelo agente de plantão, Sr. _____, que assinou abaixo (ou acima).
(data e assinatura do Oficial de Justiça)
(assinatura de quem recebeu o preso)

17. CERTIDÃO DE PRISÃO CIVIL

Certifico e dou fé que, em cumprimento ao mandado retro, extraído dos autos do processo nº _____, que _____ move contra _____, me dirigi ao endereço indicado e, sendo aí, após as formalidades legais, prendi o réu _____, dando-lhe ciência de tudo. Em seguida, entreguei o preso ao presídio local, sendo recebido pelo agente de plantão, Sr. _____, que assinou abaixo (ou acima).
(data e assinatura do Oficial de Justiça)
(assinatura de quem recebeu o preso)

18. CERTIDÃO DE CITAÇÃO CÍVEL

Certifico e dou fé que, em cumprimento ao mandado retro, extraído dos autos do processo nº ..., que ... move contra..., me dirigi ao endereço indicado e, sendo aí, citei..., que ficou ciente de tudo, assinando e recebendo contrafé.
(data e assinatura do Oficial de Justiça)

19. CERTIDÃO DE INTIMAÇÃO CÍVEL

Certifico e dou fé que, em cumprimento ao mandado retro, extraído dos autos do processo nº..., que...move contra..., me dirigi ao endereço indicado e, sendo aí, intimei..., que ficou ciente de tudo, assinando e recebendo cópia.
(data e assinatura do Oficial de Justiça)

20. CERTIDÃO DE CITAÇÃO PENAL

> Certifico e dou fé que citei o réu _____, que ficou ciente de tudo, assinando e recebendo cópia.
> (data e assinatura do Oficial de Justiça)

21. CERTIDÃO DE INTIMAÇÃO PENAL

Pode ser exarada da mesma maneira que a certidão de citação penal, substituindo-se a palavra *citei* por *intimei*.

A certidão de citação e intimação cível também pode ser exarada da mesma maneira que a de citação e intimação penal, admitindo-se para todas as certidões carimbos, desde que se mencione a entrega da cópia, a assinatura ou não da pessoa e que a mesma ficou ciente de tudo.

22. CERTIDÃO DE CONDUÇÃO DE TESTEMUNHA

> Certifico e dou fé que, em cumprimento ao mandado de condução de testemunha, me dirigi ao endereço indicado e, sendo aí, após as formalidades legais, conduzi a testemunha _____, levando-a à presença do MM. Juiz de Direito da _____ Vara (cível ou criminal, conforme o caso). A testemunha arcou com as despesas de condução, sendo que prestei recibo.
> (data e assinatura do Oficial de Justiça)

Caso haja resistência, o Oficial de Justiça poderá solicitar o auxílio de força pública, nos termos do art. 218 do Código de Processo Penal Brasileiro.

Nada impede que o Oficial de Justiça notifique a testemunha faltosa do dia da audiência, antecipadamente, solicitando seu comparecimento espontâneo. Verificará no fórum o comparecimento da testemunha, no mínimo uma hora antes de iniciar a audiência. Assim, caso a testemunha não compareça, por livre e espontânea vontade, diligenciará o Oficial de Justiça, efetuando a condução coercitiva.

23. CERTIDÃO DE CITAÇÃO COM HORA CERTA

Certifico e dou fé que, em cumprimento ao mandado de citação, me dirigi ao endereço indicado no dia _____ não localizando o réu em casa (ou na empresa, conforme for o caso). Diligenciei novamente no dia ____, ainda não o encontrando. Diligenciei mais uma vez no dia ____, ainda não conseguindo localizar o réu. Suspeitei que o réu se ocultou para evitar a citação. Sendo assim, intimei o Sr. _____ que este Oficial de Justiça retornaria no dia..., a fim de citar o réu _____, às _____. Compareci no local, constatando que o réu ali não se encontrava, reforçando ainda mais a suspeita de ocultação. Só restou a este Oficial de Justiça citar o réu..., com hora certa, na pessoa de _____, que recebeu as cópias, ficando ciente de tudo, assinando (ou se negando a assinar, conforme o caso).
(data e assinatura do Oficial de Justiça)

Para fundamentar a suspeita de ocultação, o Oficial de Justiça deve efetuar três diligências no mínimo, nada impedindo que realize mais de três investidas no local. Além disso, deve circunstanciar minuciosamente na certidão todas as diligências, bem como os motivos que o levaram a suspeitar da ocultação do réu.

24. AUTO DE ARROLAMENTO DE BENS

Aos _____ dias do mês de _____ do ano de ____, em cumprimento ao mandado de arrolamento de bens, extraído dos autos do processo nº _____, que _____ move contra _____, me dirigi ao endereço indicado e, sendo aí, arrolei os seguintes bens encontrados no local: (descrever minuciosamente os bens). De tudo lavrei este auto.
(assinatura do Oficial de Justiça).

25. AVISO USADO PELO OFICIAL DE JUSTIÇA

SR. _____

END.: _____

Comunico a V.Sa. que, na data de hoje, estive neste endereço, em cumprimento a ordem judicial, para o fim de : (citação, intimação, outra).

Não o encontrando, solicito seu comparecimento dia ___/___/___, às _____ horas no Foro, Rua _____, nº ___, telefone _____.

(data e assinatura do Oficial de Justiça)

26. AUTO DE PENHORA NO ROSTO DOS AUTOS

Aos...dias do mês _____ do ano de ____, em cumprimento ao mandado de execução, extraído dos autos do processo nº _____, que _____ move contra _____, me dirigi a ____ Vara Cível e, sendo aí, solicitei ao Sr. Escrivão para que efetuasse a exibição dos autos em que é devedor _____. No que fui atendido, efetuei a penhora no rosto dos autos para a reserva do crédito mencionado nos autos nº ____. Em seguida, entreguei cópia ao Sr. Escrivão do feito, que assinou as duas vias, cientificando-o de todo o ocorrido.

(assinatura do Oficial de Justiça)

(assinatura do Escrivão)

Realizada a penhora, o Oficial de Justiça intimará o devedor para que, querendo, ofereça embargos no prazo legal (10 dias em execução comum e 30 dias em execução fiscal)

27. AUTO DE PENHORA NO ROSTO DOS AUTOS EM PROCESSO FALIMENTAR
(Execução Fiscal)

Aos ____ dias do mês de _____ do ano de ____, em cumprimento ao mandado de execução fiscal nº ____, que _____ move contra _____, me dirigi a ____ Vara Cível e, sendo aí, solicitei ao Sr. Escrivão para que efetuasse a exibição dos autos da falência, em que é falido _____. No que fui atendido, verifiquei a seguinte autuação: processo nº _____, onde consta como réu _____. Em seguida procedi a penhora no rosto dos autos da referida falência, para a reserva do crédito mencionado na presente execução fiscal de acordo com a ordem de preferência dos respectivos créditos. Feita a penhora, entreguei cópia ao Sr. Escrivão do feito, que assinou neste mandado.

(assinatura do Oficial de Justiça)
(assinatura do escrivão)

Realizada a penhora no rosto dos autos, o Oficial de Justiça intimará a massa falida na pessoa de seu síndico, por todo o conteúdo do mandado e da penhora realizada.

TERCEIRA PARTE

Questões de concurso

As comarcas de todo o Brasil realizam concursos para provimento de cargos de Oficial de Justiça. O concurso público é obrigatório por força de dispositivo constitucional (inciso II do artigo 37 da Constituição de 1988).

A seguir, apresentamos um teste contendo questões que habitualmente são formuladas nesses concursos. Marque com um X as respostas certas·e depois confira-as com o gabarito da pág. 122.

1. É correto afirmar que:

a) Na prisão, em virtude de mandado, não há necessidade quando de sua execução da apresentação do mandado ao réu .... [ ]

b) O mandado de prisão será lavrado pelo Oficial de Justiça .... [ ]

c) O mandado de embargo de obra deverá ser cumprido por dois Oficiais de Justiça......................... [ ]

d) O Oficial de Justiça poderá realizar prisão somente mediante o mandado respectivo..................... [ ]

e) nenhuma das respostas está correta................ [ ]

2. No processo de júri, quando da resposta aos quesitos:

a) permanecem na sala, somente o juiz, dois oficiais de justiça, o escrivão, acusadores e defensores........... [ ]

b) permanecem na sala o réu e o escrivão .... [ ]

c) o público presente assiste à votação dos quesitos.... [ ]

d) o escrivão recolherá dos jurados as respostas dos quesitos.. [ ]

e) nenhuma das respostas está correta .... [ ]

3. É correto afirmar que:

a) a denominação que se dá à carta cumprida em país estrangeiro é carta precatória......................... [ ]

b) o jurado que não comparecer à reunião do tribunal do júri, sem causa legítima, deverá ser advertido pelo Oficial de Justiça .... [ ]

c) a incomunicabilidade dos jurados que fazem parte do conselho de sentença é indispensável, sob pena de nulidade do julgamento .... [ ]

d) estão corretas as questões *a* e *b* .... [ ]

e) somente a letra *a* está correta .... [ ]

4. Pode o Oficial de Justiça:

a) efetuar a penhora após decorridas 48 horas da citação do devedor sem autorização do advogado do credor. . . [ ]

b) cumprir mandado de prisão preventiva no horário noturno, entretanto, na residência do réu sem o seu consentimento somente no caso de urgência. .... [ ]

c) nomear o devedor como depositário, em processo de execução, mesmo que o mandado indique outro depositário em seu conteúdo............................... [ ]

d) deixar de cumprir carta rogatória apenas por que se trata de solicitação de país estrangeiro. .... [ ]

e) delegar a outra pessoa o cumprimento de mandado de intimação, se for evidente o acúmulo de serviço........ [ ]

5. O Oficial de Justiça jamais poderá:

a) deixar de acatar as ordens emanadas do escrivão, eis que é este o seu superior hierárquico................. [ ]

b) efetuar a citação no sábado. .... [ ]

c) penhorar imóveis do réu sem a indicação feita pelo advogado do credor. .... [ ]

d) as letras *b* e *c* estão corretas. .... [ ]

e) efetuar a citação criminal sem a exibição do mandado, mesmo que se trate de réu preso e assim o promotor de justiça determinar. .... [ ]

6. Poderá o Oficial de Justiça:

a) penhorar bens fungíveis do devedor................ [ ]

b) policiar as sessões do tribunal do júri .... [ ]

c) datilografar as audiências admonitárias, eis que neste caso o escrivão estará impedido...................... [ ]

d) efetuar a busca e apreensão sem o mandado judicial, desde que autorizado pelo escrivão.................. [ ]

e) penhorar imóveis do devedor em outra comarca, desde que seja em comarca contígua. .... [ ]

7. Caso esteja efetuando uma busca e apreensão e haja agressão física por parte do réu, não tendo outra alternativa senão efetuar a prisão do agressor, deverá o Oficial de Justiça:

a) levar o preso imediatamente ao presídio............ [ ]

b) levar o preso imediatamente ao presídio, lavrando termo de prisão..................................... [ ]

c) levar o preso à presença da autoridade administrativa, após adverti-lo. .... [ ]

d) levar o preso à presença da autoridade policial para a lavratura do auto de prisão em flagrante. .... [ ]

e) levar o preso à presença da autoridade policial somente após comunicar ao juiz. .... [ ]

8. É correto afirmar que:

a) O mandado de prisão será lavrado pelo Oficial de Justiça. .... [ ]

b) Não será válido o processo civil se o réu não foi citado pessoalmente...................................... [ ]

c) o Oficial de Justiça deve exercer o policiamento na sessão do tribunal do júri........................... [ ]

d) o Oficial de Justiça pode ser responsabilizado civilmente quando praticar ato nulo, mesmo que tenha agido culposamente..................................... [ ]

e) tendo o Oficial de Justiça conhecimento de que o réu se encontra em outra comarca, poderá citá-lo naquela comarca, mesmo que não pertença à mesma região metropolitana. .... [ ]

9. É incorreto afirmar que:

a) feita a penhora, em regra, o Oficial de Justiça depositará o bem penhorado em mãos do devedor. . . . . [ ]

b) no mandado de citação em processo de execução deve constar o dia e a hora da citação. . . . . [ ]

c) Não podem funcionar num mesmo processo um Oficial de Justiça e um escrivão que sejam tio e sobrinho entre si.. . . . . [ ]

d) o militar será citado por intermédio do seu superior hierárquico. . . . . [ ]

e) no processo penal, a citação com hora certa deverá ser realizada quando houver fundadas suspeitas de que o réu está se ocultando. . . . . [ ]

10. É correto afirmar que:

a) cabe ao Oficial de Justiça lavrar o mandado de citação. [ ]

b) o escrivão jamais poderá intimar o réu, eis que tal atribuição é função específica do Oficial de Justiça. . . . . [ ]

c) em hipótese alguma cabe ao Oficial de Justiça proceder a diligência fora do horário de expediente forense. . . . . [ ]

d) as letras *a* e *b* estão corretas. . . . . [ ]

e) ao Oficial de Justiça compete, entre outras atribuições, apregoar os bens que devam ser praceados, assinando os respectivos autos. . . . . [ ]

11. Se o devedor não pagar, por ocasião da citação, o Oficial de Justiça:

a) aguardará 24 horas para penhorar bens. . . . . [ ]

b) penhorar-lhe-á, imediatamente, os bens indicados pelo credor. . . . . [ ]

c) penhorar-lhe-á imediatamente quaisquer bens. . . . . . . [ ]

d) penhorar-lhe-á bens, somente se duvidar da honestidade do devedor. . . . . [ ]

e) deverá devolver o mandado após a citação. . . . . [ ]

12. A intimação do jurado sorteado para a reunião do tribunal do júri será feita:

a) pela publicação do edital de convite no Diário Oficial. [ ]

b) pela divulgação de aviso através da rádio local no caso de município com até 15.000 habitantes. . . . . [ ]

c) pela cópia do mandado deixado pelo Oficial de Justiça na residência do jurado caso não esteja em casa, mas se encontre no mesmo município. . . . . [ ]

d) somente por telefone. . . . . [ ]

e) somente pela intimação feita pelo escrivão. . . . . [ ]

13. Recaindo a penhora em bens imóveis, será também intimado:

a) o oficial de registro de imóveis. [ ]

b) o locatário, se o imóvel estiver locado. . . . . [ ]

c) o escrivão. . . . . [ ]

d) a mulher do devedor, se casado. . . . . [ ]

e) o tabelião. . . . . [ ]

14. É correto afirmar que:

a) são nomeados oito jurados para serem sorteados para a reunião do tribunal do júri.. . . . . [ ]

b) são nomeados dez jurados para presidir a sessão do tribunal do júri. . . . . [ ]

c) são sorteados vinte e um jurados para atuar em cada reunião do tribunal do júri. . . . . [ ]

d) os jurados que atuarem na sessão do tribunal do júri podem se comunicar durante toda sessão. . . . . [ ]

e) caberá ao Oficial de Justiça o policiamento da sessão. [ ]

15. É correto afirmar que:

a) na prisão, em virtude de mandado, não há necessidade, quando de sua execução, da apresentação do mandado ao réu. .... [　]

b) o mandado de prisão será lavrado pelo promotor de justiça e assinado pelo escrivão. .... [　]

c) contrafé é a cópia do mandado. .... [　]

d) contrafé é a entrega do recibo de custas pelo juiz.... [　]

e) na execução fiscal o réu será intimado para oferecer embargos no prazo de dez dias, querendo............. [　]

Gabarito

**1e,
2e,
3c,
4a,
5e,
6a,
7d,
8d,
9e,
10e,
11a,
12c,
13d,
14c,
15c.**

Bibliografia

Aragão, E.D. Moniz de. *Comentários ao Código de Processo Civil*. v.2, 2.ed. Rio de Janeiro: Forense, 1976.

Barbosa, Marcelo Fortes. *Direito Penal Atual*. São Paulo: Malheiros, 1996.

Bitencourt, Cezar Roberto. *Juizados Especiais Criminais e Alternativas à Pena de Prisão*. 2.ed. Porto Alegre: Liv. do Advogado, 1996.

——. *Teoria Geral do Delito*. São Paulo: Revista dos Tribunais, 1997.

Boletim Informativo Mensal (BIM). Porto Alegre, Corregedoria-Geral de Justiça do Estado do Rio Grande do Sul. ano 16, n. 184, out. 1992.

——. ano 17, n. 190, abr. 1993.

Caldas, Gilberto. *Direito para concursos*. 5.ed. São Paulo: Praxe Jurídica, 1991.

Cintra, Antônio Carlos de Araújo; Grinover, Ada Pellegrini; Dinamarco, Cândido R. *Teoria Geral do Processo*. 7.ed. São Paulo: Ed. Revista dos Tribunais, 1990.

Costa Júnior, Paulo José. *Comentários ao Código Penal*. 4.ed. São Paulo: Saraiva, 1996.

Cunha, Francisco Arno Vaz. *Alterações no Código de Processo Civil*. Porto Alegre: Liv.do Advogado, 1996.

Fabrício, Adroaldo Furtado e outros. *Inovações do Código de Processo Civil*. 2ª tiragem. Org. José Carlos Teixeira Giorgis. Porto Alegre: Liv. do Advogado, 1996.

Führer, Maximilianus Cláudio Américo. *Resumo de processo civil*. 4.ed. São Paulo: Ed. Revista dos Tribunais, 1988.

Jesus, Damásio E. de. *Código de Processo Penal anotado*. 17.ed. São Paulo: Saraiva, 1989.

——. *Direito Penal - Parte geral*. v.1. 4. ed. São Paulo: Saraiva, 1979.

Marques, José Frederico. *Manual de Direito Processual Civil*. v.1, 12.ed. São Paulo: Saraiva, 1987.

——. *Instituições de Direito Processual Civil*. v.1. 3.ed. Rio de Janeiro: Forense, 1966.

Marrey, Adriano *et al. Júri. Teoria e Prática*. São Paulo: Ed. Revista dos Tribunais, 1986.

Meirelles, Hely Lopes. *Direito Administrativo Brasileiro*.17.ed. São Paulo: Malheiros, 1992.

Mirabete, Julio Fabbrini. *Manual de Direito Penal*. v.3. 6.ed. São Paulo: Atlas, 1993.

Monteiro, Washington de Barros. *Curso de Direito Civil*. 3.v. São Paulo: Saraiva, 1989.

Moreira, José Carlos Barbosa. *O novo processo civil brasileiro*. 12.ed. Rio de Janeiro: Forense, 1992.

Nary, Gerges. *Oficial de Justiça. Teoria e Prática*. 4.ed. São Paulo: Universitária de Direito, 1985.

Negrão, Theotonio. *Código de Processo Civil e legislação processual em vigor*. 20.ed. São Paulo: Ed. Revista dos Tribunais, 1990.

Paladino, Joel; Da Camino, Rizzardo. *Da Defesa Criminal*. Porto Alegre: Livraria do Advogado, 1992.

Parizatto, João R. *Das citações e das intimações cíveis e criminais. Doutrina, comentários, jurisprudência*. 2.ed. Rio de Janeiro: Aide, 1992.

Pontes de Miranda. *Comentários ao Código de Processo Penal*. t.3. Rio de Janeiro: Forense, 1974.

Revista dos Tribunais. São Paulo, ano 81, v. 681, fasc.2. jul.1992.

Santos, Juarez Cirino. *Teoria do delito*. São Paulo: Acadêmica, 1993.

Silva, Cesar Antônio. *Doutrina e prática dos recursos criminais*. Rio de Janeiro: Aide, 1992.

Silva, De Plácido e. *Vocabulário jurídico*. v. 1, 7.ed. Rio de Janeiro: Forense, 1982.

Toledo, Francisco de Assis. Princípios básicos de Direito Penal. 5.ed. São Paulo: Sraiva, 1994.

Tornaghi, Hélio. *Comentários ao Código de Processo Civil*.v.2. São Paulo: Ed. Revista dos Tribunais, 1975.

O maior acervo de livros jurídicos nacionais e importados

Rua Riachuelo 1338
Fone/fax: **0800-51-7522**
90010-273 Porto Alegre RS
E-mail: info@doadvogado.com.br
Internet: www.doadvogado.com.br

Entre para o nosso *mailing-list*

e mantenha-se atualizado com as novidades editoriais na área jurídica

Remetendo o cupom abaixo pelo correio ou fax, periodicamente lhe será enviado gratuitamente material de divulgação das publicações jurídicas mais recentes.

✓ Sim, quero receber, sem ônus, material promocional das NOVIDADES E REEDIÇÕES na área jurídica.

Nome: _____

End.: _____

CEP: _____-_____ Cidade: _____ UF:____

Fone/Fax: _____ Ramo do Direito em que atua: _____

Para receber pela
Internet, informe seu **E-mail:** _____

_____
assinatura

187-0

Visite nossa livraria na internet

www.doadvogado.com.br

ou ligue grátis

0800-51-7522

DR-RS
Centro de Triagem
ISR 247/81

CARTÃO RESPOSTA
NÃO É NECESSÁRIO SELAR

O SELO SERÁ PAGO POR

LIVRARIA DO ADVOGADO LTDA.

90012-999   Porto Alegre   RS